**Managing Intellectual Property
for Museums**

博物馆知识产权
管理指南

Rina Elster Pantalony

【加拿大】莉娜 · 埃尔斯特 · 潘托洛尼　著

栾文静 陈绍玲　译

邓玉华　审校

中国政法大学出版社

2019 · 北京

声　　明　　1. 版权所有，侵权必究。

2. 如有缺页、倒装问题，由出版社负责退换。

图书在版编目（ＣＩＰ）数据

博物馆知识产权管理指南/(加)莉娜·埃尔斯特·潘托洛尼著;栾文静,陈绍玲译.—北京：中国政法大学出版社,2019.9
　ISBN 978-7-5620-9207-0

　Ⅰ.①博… Ⅱ.①莉… ②栾… ③陈… Ⅲ.①博物馆—知识产权—管理—指南　Ⅳ.①D913.4-62

中国版本图书馆CIP数据核字(2019)第194547号

出 版 者	中国政法大学出版社
地 　　址	北京市海淀区西土城路 25 号
邮寄地址	北京 100088 信箱 8034 分箱　邮编 100088
网 　　址	http://www.cuplpress.com (网络实名：中国政法大学出版社)
电 　　话	010-58908437(编辑室) 58908334(邮购部)
承 　　印	北京中科印刷有限公司
开 　　本	880mm×1230mm　1/32
印 　　张	5.25
字 　　数	115 千字
版 　　次	2019 年 9 月第 1 版
印 　　次	2019 年 9 月第 1 次印刷
定 　　价	49.00 元

致 谢

作者特别感谢加拿大政府遗产部的前遗产执行主任林恩·埃利奥特·舍伍德（Lyn Elliot Sherwood）的组织管理及构想。作者感谢纽约大学霍华德·贝瑟（Howard Besser）博士坚定不移的支持和深思熟虑的见解。最后，作者还要感谢世界知识产权组织的维克多·瓦兹奎兹（Victor Vazquez）及其同事提供的实质性指导。

感谢迈克尔（Michael）、赛思（Seth）和贾里德（Jared）数月周末宝贵时间的付出和细致耐心，使我们得以看到这本指南。

前　言

　　在工业化国家，文化遗产管理机构一般被认为是知识产权的使用者而非所有者。过去，只有出版的内容需要使用已有资料（不论是图像还是文字）时，才会提及知识产权问题。但是随着新技术的产生，博物馆对知识产权问题的态度开始有了明显的转变，这就是，他们越来越认识到知识产权在分享信息、利用藏品以及保护和管理藏品方面所发挥的重要作用。以前，博物馆关注的是如何使用他人的知识产权，而现在，他们面临的问题是如何管理好自己拥有的知识产权，以及如何调和与潜在的第三方使用者之间的关系。这里的知识产权可能与他们自己的解释性或语境化的权威内容有关，与运用于博物馆内部进行藏品分配或管理的技术有关，也可能和在商业领域能够对博物馆进行辨识和认知的品牌有关。

　　发展中国家博物馆对知识产权的观念更加多样，一些博物馆将知识产权问题与如何让人们有更多机会接触有文字记录的历史遗产的问题相关联，或者，与另外一个引起广泛讨论的问题即有关国家文化遗产的保存和保护问题放在一起讨论。随着越来越多的新技术的出现，发展中国家博物馆在文化遗产信息的管理和传播方面也面临着同样的挑战，即虽然博物馆保管着文化遗产，对其享有所有权和控制力，但实际上文化遗产信息已经在全球范围内被所有的博物馆共享。

世界知识产权组织认识到文化遗产管理机构不断增长的需求，因此委托创作了本指南。本指南分为两个部分，第一部分包括博物馆知识产权的确定，以及与博物馆所承担的使命和任务相适应的最佳管理实践；第二部分分析了现有的和新出现的商业模式，作为创造持续稳定的资金来源的工具帮助博物馆辨识和抓住机遇，以使博物馆的各种项目得以延续，并实现其使命和任务。

最后，作者指出，博物馆和其他文化遗产管理机构（例如几乎没有藏品的档案馆、图书馆）之间存在着制度上的差异。但是，尽管它们的使命和任务有所差异，它们面临的知识产权问题却是相似的。因此，本指南中的"博物馆"应做广义理解。希望包括文化遗产管理机构在内的组织或机构能够根据本指南探索出符合自身情况的知识产权管理方式。

C 目 录
CONTENTS

第二部分

商业机遇

定义知识产权和确定适当的博物馆管理实践

第一章

知识产权——胡萝卜还是大棒?

就各国博物馆的传统观念而言,知识产权尤其是版权限制了博物馆工作的开展和职能的实现。较为普遍的观点是,第三方所享有的知识产权权益阻碍了博物馆为保存目的进行的复制、为教育目的进行的复制和传播以及为提供欣赏藏品的途径而进行的复制和传播。

毫无疑问,知识产权法律赋予了博物馆更多的行政管理职能,除此之外,越来越多的人也意识到,知识产权已逐渐成为促进国家文化遗产整体发展的一种手段。通过妥善有效地管理,知识产权还将有助于实现博物馆可持续文化遗产发展项目的美好愿景。

世界知识产权组织(WIPO)开展过一项有关公有领域角色研究的工作,本指南是这项研究工作的补充,这两项工作都是在发展的视野下推进适度平衡地获取、复制和发行电子知识产权资源的方法。正如塞维林·杜索利尔(Severine Dusollier)女士为世界知识产权组织的发展和知识产权委员会所做的《版权和相关权与公有领域的范围研究》[1]报告中

---

〔1〕 载 www.wipo.int/edocs/mdocs/en/cdip_ 7/cdip_ 7_ inf_ 2.pdf,访问时间:2011 年 3 月 4 日。

所指出的，公有领域的构成范围因法律或规范的差异，在不同的法域有所不同。随着在发展议程〔1〕框架下的讨论的不断深入，有必要理解关于公有领域的不同定义，并理解不同法律体系下公有领域所扮演的角色。

美术馆、档案馆和博物馆利用电子手段进行学术交流的需求越来越迫切。为了实现这一目的，厘清公有领域的范围，并建立一套规范性的统一的判断标准就显得尤为重要。与此相关的其他问题，例如就"孤儿作品"达成共识，也是学术团体讨论的焦点问题。

同时，只要博物馆的经营活动属于其学术性和公共服务的范畴之内，博物馆就可以通过确认和经营其所拥有的知识产权获取收益。本指南第六章以及后面关于"有品质的博物馆"的构成要素的讨论，都旨在确保一种平衡的途径，以利用知识产权制度获得收益。

第一节　促进国家文化遗产

"版权保护首先是一种促进、丰富和传播国家文化遗产的方式。一个国家的发展很大程度上取决于国民的创造性，对个人创造和传播的鼓励是发展进步的重要要素。"〔2〕

知识产权，特别是版权，在一个具有前瞻性思维的社会

---

〔1〕 See WIPO's Committee Report, 8 October 2012, available at www. wipo. int/ meetings/en/doc_ details. jsp? doc_ id = 218367.

〔2〕 World Intellectual Property Organization, *WIPO Intellectual Property Handbook*: *Policy, Law and Use*, WIPO Publication No. 489（E）, available at www. wipo. int.

的发展过程中具有很高的价值。现代历史表明，文化、特别是一个社会文化遗产的丰富程度，主要取决于是否对文学和艺术作品给予了足够的知识产权保护。通过知识产权保护措施促进新的艺术和文学作品的创作，社会得以培育和鼓励更多的创造性活动。这种保护有助于社会文化遗产的繁荣发展。文学和艺术作品不可能凭空被创作出来并被传播和使用，也必须依赖于同样受知识产权保护的表演者、制作者、传播者、通讯业和其他传播者才能存在。[1]只有这样，对创造力的回报才能在整个社会得到合理的分配。

发展中国家的一个重要目标是建立健全合理的、可持续的发展基础。具体到知识产权方面，发展中国家的目标是整合有助于发展和获取的科学和技术政策，开发与之相关的人才潜力和专长。因为科学和技术发明能够带来经济的发展。此外，根据美国国家研究委员会（American National Research Council）的研究，艺术和文学的创作过程如果能够与科学知识相结合，将会使整个社会都迸发出创造力、创新力和生产力。[2]

由于知识产权保护，特别是版权保护对文化遗产具有促进作用，博物馆应当捍卫自己的知识产权，而不是将其当成是博物馆自身使命和职责的敌人。因此，知识产权是文化遗产的一部分，博物馆也具有促进和尊重知识产权保护的使命。

---

〔1〕 World Intellectual Property Organization, *WIPO Intellectual Property Handbook*: *Policy, Law and Use*, WIPO Publication No. 489（E）, available at www. wipo. int.

〔2〕 National Research Council of the National Academies, *Beyond Productivity*: *Information Technology, Innovation and Creativity*, The National Academies Press, Washington, 2003.

第二节　建立维护文化遗产项目的方法

知识产权的保护培育和促进了创造性和智力活动产出的环境，与此同时，博物馆也面临项目管理费用不断增加的问题，尤其是管理知识产权的费用支出是相当大的。在发展中国家，由于政府资金多用于最需要的行业和领域，博物馆在项目经费方面经常捉襟见肘。

但是，数字环境赋予的运作能力可以提供一条新的路径。只要知识产权得到正确的理解以及良好的管理，博物馆不需要花费大量的经费就可以向公众提供有意义的在线教育项目，同时这种方式还能够实现保护本地文化遗产资源的目的。2002 年，加拿大政府的一个特别管理机构——加拿大遗产信息网（CHIN），为加拿大的小型博物馆、社区档案馆和社区中心发起了社区记忆[1]行动。该行动为上述机构提供 5000 加元的经费，用于举办本社区居民历史的虚拟展览。此外，在加拿大遗产信息网与上述机构的合同中，即每家博物馆都需要有符合项目指南规定的标准的一台计算机和一台数码照相机。通过这种方式，一大批各种类型的、以地区为基础的博物馆和社区中心得以通过网络的力量，利用少量资金实现向大量观众进行传播的目的。他们通过数字形式保存了以社区为基础的文化遗产，在社区乃至全世界范围内对社区历史进行了教育传播，并且他们的计算机技术水平得以提高。项目指南还使博物馆、档案馆和社区中心学习了知识产权知识，

---

[1]　参见 www.chin.gc.ca。

掌握了知识产权管理的工具和方法。这种基础性的项目可以为发展中世界提供广阔的发展潜力。

加拿大联邦政府的社区记忆行动说明，不论博物馆的预算规模有多大，或者位于何处，互联网的使用都能够大大减少与公共服务和教育规划相关的费用，互联网和技术也使得每个博物馆获得了几乎平等的竞争能力。类似于"每个孩子一台便携式电脑"和"买一送一"行动，为了教育目的向发展中国家儿童提供低价格、可用于上网的便携式电脑。这些行动进一步鼓励和推动了博物馆开展低成本的、以本社区内容为基础的意义深远的当地文化教育。[1]

在北美，针对博物馆利用其管理和拥有的知识产权进行经营的问题一直存在争议。长期以来，学者们坚持认为博物馆应当致力于文化遗产的保存、公共获取和学术研究，而不应当在体验社会中影响消费者的需求。博物馆的主要目标和计划不应受到经济因素的影响。[2]博物馆对使用其信息和内容的收费，被认为是与博物馆的使命和职责相悖的。如果博物馆的许可项目获得了利益，那么其底线应当是所获利益是适度的，且对博物馆的使命和职责的重视程度要高于通过许

---

〔1〕　John Markoff, "For ＄150, Third-World Laptop Stirs Big Debate", *New York Times*, New York Times Company, New York, 30 November 2006, available at www. nytimes. com/2006/11/30/technology/30laptop. html. 此后，麻省理工学院（MIT）媒体实验室启动了 OLPC 基金，以及相关的买一送一活动，载 http://one. laptop. org and www. facebook. com/one. laptop. per. child。

〔2〕　例如，现代艺术博物馆的前油画和雕塑馆长科克·瓦内多（Kirk Varnedoe）对博物馆试图与伦敦泰特博物馆合作建立一个营利性的艺术和文化门户网站表示了极大的失望。See Calvin Tomkins, "The Modernist: Kirk Varnedoe, The Museum of Modern Art, and the Tradition of the New", *New York Magazine*, Conde Nast Publications Inc., 5 November 2001.

可行为所获得的经济利益。

事实上，关于可持续性的问题远比这复杂。一个博物馆的项目是否与其使命和职责相悖，需要具体问题具体分析。社区记忆行动说明，由于新技术的出现和合理的知识产权管理，实现一个庞大目标所需经费实际上有可能是极少的。如果博物馆有机会在不违背其使命和职责的情况下，根据特定机构的财务状况，通过合理利用其知识产权而获得适当收益，那么这种行为应当获得认可。在数字时代，作为文化遗产的尽职、合理的管理者和保护者，进行这种探索的要求更加迫切。

第三节　怎样成为有品质的博物馆？

无论是发展中国家的博物馆还是发达国家的博物馆，都在探寻如何在符合自身使命和职责的情况下，在经济社会获得发展机会。在这样的背景下，博物馆怎样才能确保持续符合标准和完整性呢？这一问题部分取决于对知识产权实施有效的管理。

史密森学会的退休教授斯蒂芬·威尔（Stephen Weil）提出了一套衡量一个博物馆是否有品质的标准。根据威尔先生的理论，博物馆应当做到：

①有目标；

②有能力；

③有效益；

④有效率。[1]

博物馆的目标决定了博物馆所肩负的责任，而目标的实现取决于博物馆实现其规划的能力。威尔认为，能力包括博物馆所拥有的智力专有技术、能让博物馆举办展览的财政和人力资源能力、使展览能够与适宜的对象开展合作，尤其是实现目标的能力。[2]

"一个成功的博物馆最明显而直接的特点是，它的手中总是掌握足够的资源，能够保证自身不间断的、持续的发展。有些人可能对这一观点觉得不愉快，但是金钱对博物馆真的影响重大。"[3]

效益可能是最难以衡量的标准，因为博物馆的运营并不以营利为目的。在一个公司中，效益或者财富是以净利润为衡量标准的。对于博物馆而言，总体效益是衡量净收入的标准。因此，根据威尔的理论，即使一个博物馆是有能力和明确目标的，如果这个博物馆的总体效益难以量化，那么这个博物馆也有可能没有实现其使命。[4]衡量是否成功非常复

---

[1] Stephen Weil, *Making Museums Matter*, Smithsonian Institution Press, Washington D. C. , 2002.

[2] Stephen Weil, *Making Museums Matter*, Smithsonian Institution Press, Washington D. C. , 2002.

[3] Stephen Weil, *Making Museums Matter*, Smithsonian Institution Press, Washington D. C. , 2002.

[4] Stephen Weil, *Making Museums Matter*, Smithsonian Institution Press, Washington D. C. , 2002.

杂，因为没有一个公认的成就衡量标准，在博物馆界也是如此。[1]

威尔的最后一项要求是效率。效率在威尔的理论中并不是优先考虑的首要因素，因为营利不是博物馆的主要目标。在威尔看来，效率不应在方法上与"商业化"的义务相混淆。相反，博物馆持之以恒的目标应当是"以更少的花费来尽可能获得最大的艺术反响"。[2]

因此，为了保证全面提升博物馆的品质，一个现代的博物馆应当审慎评估某一新的方法是否有助于实现目标，特别是在体验经济[3]下，包括向观众提供高品质的体验，不论这种体验是现实的还是虚拟的。此外，在技术占主导地位的社会里，博物馆还应当清楚他们在与营利性公司例如谷歌公司、（美国）哥伦比亚广播公司的合作交往中所面临的问题。

在数字时代，如果不能对知识产权进行良好的管理，博物馆就无法将互联网作为教育和交流的工具进行利用。因此，加强对知识产权的管理，可以帮助博物馆强化和提高与公众进行交流的能力，这种能力在数字时代对于博物馆实现目标、履行使命具有关键作用，并且能够确保博物馆实现其效益和效率。良好的知识产权管理实践可以保证博物馆更好地理解

---

〔1〕 Maxwell L. Anderson, "Metrics of Success in Art Museums", Getty Leadership Institute, 2004, available at www. cgu. edu/pdffiles/gli/metrics. pdf.

〔2〕 John Markoff, "For ＄150, Third-World Laptop Stirs Big Debate", *New York Times*, New York Times Company, New York, 30 November 2006, available at www. nytimes. com/2006/11/30/technology/30laptop. html. 此后，麻省理工学院（MIT）媒体实验室启动了 OLPC 基金，以及相关的买一送一活动，载 http:// one. laptop. org and www. facebook. com/one. laptop. per. child。

〔3〕 见本书第五章。

财务风险，还可以决定博物馆在平衡财务风险及实现目标与完成使命方面的能力。这对管理一家高品质的博物馆来说是一项必备的能力，因为知识产权管理直接影响到博物馆实现目标的能力。最终，知识产权的使用和管理对于博物馆的成功和品质具有最重要的影响，因为知识产权能够促进民族文化遗产的发展，而这是博物馆存在的最主要的目的之一。

　　本指南不着眼于讨论知识产权保护的强或弱。相反，本指南提倡在博物馆内部加强对知识产权的管理，这样博物馆可以成为学习的场所，同时也能够为社会提供知识经验。这是一个确保机构整体品质的问题，正如威尔的四要素检验法所要求的那样。一个博物馆如何辨识自己的知识产权，如何理解自己在信息内容利用过程中的权利和限制，对于发生的问题是否有能力加以解决，是否有能力实现自身目标，都取决于博物馆强大的知识产权管理规划和政策。

第二章

知识产权的基础知识

第一节　知识产权的定义

知识产权是人类智力成果的一种所有权利益形式。知识产权法律用于规范此种利益的归属，是将可执行的权利赋予智力成果创造者的一种法律体系，知识产权的创造者或所有者因此得以控制他人对其智力成果的使用。此外，市场力量决定了智力成果的全部价值，并潜在地赋予了该智力成果的相关负责人获得收益的机会。最后，知识产权法律授予创造者一种专有权利，可以许可他人使用其智力成果。

知识产权法律制度的总体目标是崇高的。知识产权法律依赖于各个不同国家的国内政策，通过为创造提供经济动力来激发社会的创造力。知识产权法律也是信息得以在全社会进行传播的手段之一，特别是某些特定类型的知识产权仅被赋予一段有限时间的专有保护。在这种情况下，智力成果的作者或者创造者可以在一定时间内控制权利并从中获得收益，保护期满后智力成果就可以在社会中不受限制地自由使用，从而鼓励进一步的创作。有时，如果智力成果对市场体系有益，或者公共利益超过私人利益时，知识产权法律会对知识产权的作者或者所有人的专有权利加以限制。其他类型的知识产权，特别是工业产权，例如商标权，是为了保护权利人或者作者的商业价值或声誉，维护其在市场中的显著性或者在商业交往中形成的商誉。[1]

第二节　知识产权法律制度

思想的流动并不存在法律的界限，因此复杂的法律制度被创造出来，用于帮助规范知识产权以及由此衍生的各种权益。从历史角度来看，每个国家都独立制定了自己的知识产权法律，通过国内立法或法律来规范在特定地域范围内对智力发明和创造的利用和再利用。例如，1709 年的《安妮法案》是大不列颠和北爱尔兰王国第一部保护复制印刷制品权利的法律，该法案只适用于解决在英国境内、受英国法管辖的人复制印刷制品的问题。[2]基于各自独立的国内政策，各国实施的法律各不相同，包括不同种类的权利、利益、保护要件、权利限制以及权利保护期限。因此，当创造性发明和作品跨越国境进入另一法域后，其知识产权人无法行使其在本国内的知识产权权利。

随着对知识产权需求的增长，特别是受到贸易活动的影

---

〔1〕　Wend B. Wendland, "Intellectual Property and the Protection of Traditional Knowledge and Cultural Expressions", Barbara Hoffman ed. , *Art and Cultural Heritage*: *Law*, *Policy and Practice*, Cambridge University Press, 2006, pp. 327-339.

〔2〕　Diane M. Zorich, Eleanor E. Fink, *Introduction to Managing Digital Assets*: *Options for Cultural and Educational Organizations*, J. Paul Getty Trust, Los Angeles, 1999.

响，自 19 世纪后半叶开始，知识产权领域的国际法律体系不断发展，以协调各国的知识产权法律，并为知识产权法律利益的所有者提供一定程度的可执行性。[1]在过去的 130 余年中，各国之间签订了多个多边条约，并将条约所规定的一般原则纳入各自的国内法中，从而确保了知识产权法律规定的统一性和可执行性。

这些多边条约的两个重要特征分别是国民待遇原则和互惠原则。已加入某一国际知识产权条约的国家的国民在外国行使知识产权时，如果该外国也加入了这一国际条约，这些原则允许该国民可以享有与该外国国民所享有的相同的待遇。此外，国民待遇还意味着，外国国民的知识产权在本国寻求保护和执行时，可以适用本国法律。一般规则是，在同一问题上，本国知识产权人获得的利益不多于任何受同一司法管辖的其他国家国民获得的利益。[2]

世界知识产权组织是联合国的一个专门机构，于 1967 年根据《建立世界知识产权组织公约》建立，其最初职能是作为管理国际知识产权领域条约的秘书处。此后，世界知识产权组织的任务发展为"通过国际合作，为全人类的经济、文化和社会进步而促进对人类思想作品的创作、传播、使用和保护"。[3]该组织还负责管理与知识产权法律相关的国际条约、知识产权的教育和宣传，以及对特定类别的知识产权的国际注册，以进一步推进国际合作和和谐的原则。[4]迄今为止，

---

〔1〕 *WIPO Handbook*, Chapter 5.

〔2〕 *WIPO Handbook*, p. 13.

〔3〕 *WIPO Handbook*, p. 5.

〔4〕 *WIPO Handbook*, p. 5.

包括工业化国家和发展中国家在内，世界知识产权组织的成员国已经达到 192 个。

第三节　知识产权的类型及其特点

世界知识产权组织将知识产权划分为六类：专利权、版权及相关权、商标权、服务标记、工业品外观设计和商业秘密。[1]

一、专利权

专利权是政府根据法律授予权利人的一种权利，该权利允许专利权所有人禁止任何其他个人或公司商业性使用其专利发明。专利权的保护有地域范围和时间方面的限制，世界贸易组织《与贸易有关的知识产权协定》（简称"TRIPs"）中规定的国际标准保护期限是自提交专利申请之日起 20 年。一般来说，专利权授予具有新颖性、创造性和实用性的发明，例如新机器、化学产品、创新程序或方法。公共利益是专利权体系的一个构成部分，例如通过旨在保护公有领域的可专利性条件，或者因为申请人必须向公众公开其发明，以便其他人可以从新发明如何运作的知识中获益。[2]

要想受到专利权的保护，就应发明属于可专利性的客体

---

〔1〕　*WIPO Handbook*, Chapter 2.

〔2〕　Christine Steiner, Michael Shapiro, Brett I. Miller ed., *A Museum Guide to Copyright and Trademark*, American Association of Museums, Washington D. C., 1999. See also *supra*, p. 17, and Diane M. Zorich, *Developing Intellectualt Propery Policies*, *A How-To-Guide for Museums*, Canadian Heritage Information Network, Government of Canada, Ottawa, 2003.

（最基本的门槛），而世界各国对专利客体的定义各不相同。特别是在许多国家的专利授权体系中，纯粹的发现、科学理论，纯粹的思想行为、生物进程、违反公共秩序或道德的发明以及针对人类或动物的诊断法、治疗法和外科手术方法都被排除在可授予专利的范围之外。申请专利的发明还必须具备实用性、新颖性，必须展现出其非显而易见性（即具有创造性），并且必须与工业应用或实用性的标准相符。就有用而言，一个专利必须有实际效用，而不能只是停留在理论上。[1]

如果一个已经被授予专利权的发明在未经授权的情况下被复制或应用于其他发明中，就构成对该专利权的侵犯。针对侵权，专利权人有权要求对所造成的损害予以弥补，并就未来对含有原专利发明的后一发明的使用申请获得禁令。

二、版权及相关权

版权是法定权利，用以保护思想的独创性表达，且该表达应固定在有形载体上或以数字化形式呈现。版权保护无需注册或申请，作品一经创作完成，即刻受到版权保护。[2]版权不保护思想本身，只保护思想的表达、安排、编排和组织形式，只要这些思想的表达是通过某些可以固定的物理形式来体现的，并且具有独创性。版权由一系列权利组成，既包括财产权利，也包括精神权利。版权中的财产权利与复制和

---

〔1〕 *WIPO Handbook*, p. 18.

〔2〕 WIPO Summary of the Berne Convention for the Protection of Literary and Artistic Works (1886), see www. wipo. int/treaties/en/ip/berne/summary_berne. html and Article 6bis, Berne Convention for the Protection of Literary and Artistic Works (1886), as amended www. wipo. int/treaties/en/ip/berne/trtdocs_ wo001. html#P123_ 20726.

传播相关，被授予给被固定的表达（也就是作品）的作者或创作者，使他们可以在一定期限内通过对这些权利的控制和使用来获得经济利益。作为回报，当保护期限届满后，作品进入公有领域，任何人都可以对作品进行复制、改编和传播。因此，版权体现了知识产权法律的基本原则，正如前文所描述的，版权为新的智力创造提供了经济动力，也促进了社会的进步和发展。

版权法几乎适用于每一种大众传媒形式，对出版物、广播、电影的制作和发行以及计算机软件都进行保护。保护的客体包括文学作品（例如已发表的和未发表的诗歌、小说、非小说、戏剧作品以及任何形式的文字作品，计算机软件通常被视为文字作品）、音乐作品（例如一部音乐乐谱）、艺术作品（无论是二维的还是三维的，无论是数字的还是模拟的）、地图和工业设计图（例如建筑设计图和效果图）、照片（一般来说，不论是写实的还是艺术性的）、视听作品（包括电影、广播电视节目和一些多媒体展览品）。版权还保护互联网上的内容，网站通常汇集了各种不同的作品，产生复杂的不同层级的版权保护，既包括网站本身的版权保护，也包括网站上的作品的版权保护。

版权不是一项单独的权利，而是一系列或者一捆权利，为此我们通常需要将这些权利进行划分，以便于理解一个受版权保护的作品能享受到的保护深度和范围。最为显著的权利是对作品进行复制或再现的权利。其他权利包括对作品进行公开表演的权利，包括在公共场所进行音乐表演的权利；录制音频的权利，无论是音乐还是其他形式；以电影或其他视听作品形式录制一个活动或事件的权利，无论是像表演一样虚构的，还是像电视新闻一样的真实事件；广播或传播一部作品的权利，无论是通过信号还是电缆；翻译或改编一部作品的权利，包括修改一部作品或者将作品翻译成其他语言。[1]

精神权利也是版权法赋予的权利，并在国际条约中进行了规定。[2]精神权利保护作品的完整性，并保护作品原始作者的声誉，还包括表明作者身份的权利。邻接权（或"相关权"）是与版权有关的权利。不同国家和地区对这些权利有不同的规定，但是一般来说，这些权利指的是表演者对其表演、制作者对其录音制品以及广播组织对其广播所享有的权利。[3]

通常来说作者或者创作者是版权收益的第一权利人。这一原则还存在一些例外情况，例如作品是在雇佣期间创作产生的，或是基于另一方的委托而创作产生的。然而，就精神权利来说，一般原则是作品的精神权利归属于作者或者创作人。也就是通常所说的精神权利是不可转让的权利。

---

〔1〕 国内法在一定情况下会改变作品和权利的分类。例如，《美国版权法》规定的是一种广义的展示权，参见《美国法典》第 17 卷第 101 章关于"展示"的定义。再如，《加拿大版权法》对当代艺术作品的非商业性展示规定了展示权，参见《加拿大版权法》（1985 年）（已修订）第 C-42 章第 3 节第 1 条 g 款。

〔2〕 WIPO Summary of the Berne Convention for the Protection of Literary and Artistic Works（1886），see www. wipo. int/treaties/en/ip/berne/summary_berne. html and Article 6bis, Berne Convention for the Protection of Literary and Artistic Works（1886），as amended www. wipo. int/treaties/en/ip/berne/trtdocs_ wo001. html#P123_ 20726.

〔3〕 WIPO Summary of the Rome Convention for the Protection of Performers, Producers of Phonograms and Broadcasting Organizations（1961），see www. wipo. int/treaties/en/ip/rome/summar－y_rome. html. Summary of the WIPO Performances and Phonograms Treaty（1996）,see www. wipo. int/treaties/en/ip/wppt/summary_ wppt. html, and Chapter 2, WIPO Performances and Phonograms Treaty（1996），available at www. wipo. int/treaties/en/ip/wppt/trtdocs_ wo034. html#P89_ 8626.

在某些情况下，版权除了受到时间和地域的限制之外，还要受到其他限制。当版权与特定的公共利益相关时，就会受到限制，比如国际条约规定的版权例外和限制。例如，某些普通法系国家的版权法中有关于"合理使用"或"公平处理"的规定，允许使用者在特定情况下未经许可使用受版权保护的作品。[1]为了文化遗产的保存和管理，比如为了满足教育机构的服务职能，国内法对版权保护都做了例外规定。此外，为了促进通讯产业的发展，版权法也规定了一些例外，例如允许为了广播的目的对临时录制品进行复制。[2]

如果某人未经版权所有人的同意而行使了其权利，就构成对版权人权利的侵犯。未经授权对受版权保护的内容进行复制或发行的行为可能构成盗版。侵权行为可能导致民事损害赔偿、承担刑事责任，或者可能二者兼而有之。随着互联网和新技术的发展，网络盗版行为已成为最难以解决的问题。

三、商标、服务商标和商号[3]

商标是有识别性的标记，例如一个词语、标识或短语，用来区分一个组织或公司的产品。服务商标用于识别由一个组织或公司所提供的特定服务。商号是一个与某特定组织或公司相关联的具有识别性的名称。在所有情况下，使用标记或名称的目的都是为了在商业市场中区分特定的产品或服务的来源。[4]具体保护要求可能有所不同，但总的来说包括：

---

[1]　US Copyright Law 17 USC § 101, §.107.

[2]　Copyright Act, R. S. C. 1985, c. C-42, as amended.

[3]　*WIPO Handbook*, Chapter 2.

[4]　*WIPO Handbook*, p. 68.

第一，在特定的商品和服务中具有一定程度的区分度。第二，这些标识不应使公众对其所标记的产品或服务产生误导。

与版权或专利权不同，商标、商号或服务商标的权利人不能阻止他人复制与其相关的产品或服务。商标法禁止的是他人使用同种标识，避免在市场上对所标识产品或服务的来源造成误认。换句话说，未经授权使用商标或服务商标的行为，会让使用者从商标权利人为其特定商标或服务所建立的信誉中获利。

商标、商号和服务商标需要注册，并有地域范围限制。每个国家都有自己的注册制度。在某些情况下，服务的提供者或产品的制造商可以在一个法域中就一个商标或商号获得注册，但无法在另一个法域获得注册，因为已经有其他人在先注册了同样的商标或商号。此外，商标、商号和服务商标还与相关用途有关。也就是说，相类似的商标可以在一个法域中同时存在，只要这些标识不会使消费者产生混淆。

获得保护的基本条件通常通过立法予以规定，主要基于商标或名称是否有在先使用和/或是否在国家专门建立的注册机构进行了注册。各个法域对于注册商标的保护期限规定有所不同，只要商标权利人可以证明其在持续使用该商标，其规定到期都可以续展。在此基础上，如果对商标、商号和服务商标不再进行持续使用，也可以放弃。如果商标权利人未对侵权行为采取行动以保护自己的权利，则商标、商号和服务商标的区别功能可能会被削弱。

在普通法系国家，基于在先使用和与特定产品或服务相结合而产生的区别性，商标会被授予依普通法获得的权利。但是，这些普通法的权利要以使用先后为依据，因此，如果两个商标的持有人想针对一个类似的商标申请获权,则先开始使用的商标将优先获得权利。对一个商标的侵犯在普通法中被称为"仿冒"。

商标可以是区分性或暗示性的。不同类型的商标获得的保护强度不同。区分性商标与产品或服务建立了明显的联系,获得的是最强程度的保护。暗示性商标虽然也被认为具有足够的区分性以获得保护,但其受到保护的范围要小一些。它们通常与一个地方或场所的产品或服务相关,但不足以使消费者立即辨认出与该商标相关联的产品或服务。

如果行为人以窃取商标权利人的商业利润为目的而未经许可使用商标,权利人将有权对生产假冒商品的行为采取措施。如果一个商标或商号与另一个相似,且在同一市场针对类似产品或服务进行使用,进而导致消费者混淆,这种情况通常会构成商标侵权,权利人因此有权对侵权行为提起诉讼。

四、工业品外观设计

工业品外观设计可以被定义为物品上"具有装饰或审美意义的外形",包括形状、图案或颜色,在形态上包括二维和三维。[1]受到质疑或者出现问题的通常是那些同时具备功能性和实用价值的物品。使物品具有独特形状或外观的工业设计既包括功能性设计,也包括无功能性设计,但是许多国内法都规定,仅对无功能性设计给予工业品外观设计的保护。保护工业品外观设计的目的,在于使新颖或独特设计的原设计者能够在市场中获得商业优势。

---

〔1〕 参见 www. wipo. int/designs/en/。

工业品外观设计可能是知识产权中最难以定义和分类的类型。工业品外观设计的各项权利是法定的，根据不同法域和法律传统而有所不同。有些国家的工业品外观设计法规定，只要相关外观设计完成了在政府主管登记机关的注册登记，就可以获得一定程度的法律保护。[1]一般来说，一个工业品外观设计在注册后可以获得一定期限的保护，该期限大部分情况下是15年，期限届满后可以进行续展。一个设计要想获得保护，大多数情况下要求具有独特性或新颖性。另外一个附加的要求是，该设计可以被大批量地生产制造。[2]另外一些国家没有为工业品外观设计提供明显的专门保护，而是通过专利法或版权法、商标法来保护。根据这些国家的法律规定，一个物品所包含的功能性或技术性特征可以通过专利或实用新型来获得保护。

另外，依据工业品外观设计的不同性质或方面，工业品外观设计实际上可以获得多重保护。例如在美国，没有针对工业品外观设计设立专门的法律。但是，专利法、商标法和版权法可以对工业品外观设计的各个不同方面提供保护。如果一个实用物品的图形、图表和雕塑方面可以构成版权法意义上的艺术作品，符合版权法的规定，就可以受到版权法的保护。[3]另一方面，专利法可用于保护外观设计功能性的独有特征。最后，美国商标法还提供了另一种保护形式：商业

[1] Lesley Ellen Harris, *Canadian Copyright Law*, *Third Edition*, McGraw-Hill Ryerson Press, Toronto, 2001, pp.70-72.

[2] Lesley Ellen Harris, *Canadian Copyright Law*, *Third Edition*, McGraw-Hill Ryerson Press, Toronto, 2001, pp.70-72.

[3] 参见 www.copyright.gov/register/va-useful.html。

外观设计。商业外观设计可以作为商标受到保护，条件是在其他特征中，这个设计通常会与某个特定产品相关联。[1]这看起来有些复杂。要从一件具有实用功能的物品中区分出其美学价值，从而确定哪一部分可以受到知识产权的保护、受到哪种类型知识产权的保护，确实具有相当高的难度。

五、商业秘密

商业秘密不是一种法定的权利。商业秘密由秘密信息和专有信息构成，这些信息可以使信息所有者在商业竞争中获取优势地位。这些信息不仅对信息所有者具有很高的价值，对其竞争者也同样具有价值。在保护标准方面，商业秘密不能是众所周知的信息，也不能是很容易就可被查明的信息。商业秘密是一种财产，只能由获得授权的人以规定方式获悉。由于商业秘密不是法定权利，因此只能通过合同法得到保护，或者因为构成不正当竞争行为而提起法律诉讼。

六、与传统知识和文化表达相关的诉求、利益和法律

包括博物馆、图书馆和档案馆在内的文化机构在本地土著和传统文化藏品的保存、保护和推广方面发挥着不可替代的作用。包括手工艺品、照片、录音、电影和手稿在内的文化藏品，记录了本地区的生活、文化习俗和知识体系。

文化机构保存了土著居民和当地社区文化的资料，土著

---

〔1〕 United States Patent and Trademark Office, "Office of the Commissioner for Trademarks", Examination Guide No. 2, 15 August 2000, available at www. uspto. gov/web/offces/tac/notices/guide2-00. htm.

居民和当地社区拥有、管理和使用这些资料的兴趣不断增长，知识产权问题随之产生。这些问题不仅包括现有习惯法的内容，例如版权或相关权，还包括针对传统文化表达（TCEs，有时也被称为"民间文艺"）的新的尚处于雏形的法律保护形式，其中引入了习惯法、伦理道德、文化价值和利益中的基本原则。这些问题将在本节的最后进行论述。

从知识产权的角度来说，文化的这些基本要素被放在了传统知识（TK）和传统文化表达的术语范畴下。没有一个单独的定义能够正确地表现全球的土著居民和本地社区所拥有和创造的各种不同形式的知识和表达，[1]在这方面，世界知识产权组织通过列举相关活动以描述传统知识和传统文化活动，已经取得了长足的进展。[2]

传统知识例如环境和医疗知识，体现了由来已久的公共认同、实践、信仰和价值，也是其中不可或缺的部分。传统知识体系同时也是一个持续创新的架构，代表了与之相关的文化的活力和流传。一个传统的创新通常不是由某一个发明者完成的，而是在长期积累的过程中以公众为基础实现的。这些知识具有重要的文化和商业价值，特别是在科学、农业和医学领域，因此社区在对相关知识进行保存和保护时，为了避免被侵吞和滥用往往会变得更加警惕。

与此相似，传统文化表达诸如音乐、设计、表演、符号、

---

〔1〕 World Intellectual Property Organization, "The WIPO Overview on Intellectual Property and Genetic Resources, Traditional Knowledge and Traditional Cultural Expressions", Geneva 2012, see www. wipo. int/freepublications/en/tk/933/wipo_pub_933. pdf at p. 8.

〔2〕 "世界知识产权组织常见问题解答"，载 www. wipo. int/tk/en/resources/faqs. html。

艺术和技艺，是以一个社区存在已久的实践为基础形成的，受习惯法的约束，代表着这个社区遗产中有价值的一个方面，且通常是从不为人知的第一位或第一代作者开始世代相传。这些艺术和文化的表达最初并不是为了进行商业开发而创作，而仅仅是为了表现社区的文化及其精神实践或文化价值。与传统知识一样，作为与其相关联的社区生活的一种反映，传统文化表达也是"鲜活的"，并且随着时间的推移不断发展。[1]

　　传统文化表达和知识产权法律之间的关系是复杂的。[2]版权法是以作品的作者和利益相关方的身份的确定为前提的。进一步来说，版权法律是以确定一部作品的作者以及其中利益的所有者为前提的，保护期可以从作品完成创作之时开始计算。尽管精神权利也扮演着重要的个人和文化角色，但版权保护主要还是着眼于促进商业性使用。

　　因此，传统文化表达的本质和目前的版权体系之间存在着不一致，即传统的知识产权法律无法满足保护传统文化表达的要求。实际上：

　　在动态的创新环境下，从知识产权的角度很难理解什么构成独立创作。在现行的版权法中，对旧有的传统材料进行

_____

〔1〕 Wend B. Wendland, "Intellectual Property and the Protection of Traditional Knowledge and Cultural Expressions", Barbara Hoffman ed., *Art and Cultural Heritage: Law, Policy and Practice*, Cambridge University Press, 2006, pp. 327-339.

〔2〕 Refer to the WIPO Survey, "Towards Intellectual Property Guidelines and Best Practices for Recording and Digitizing Cultural Heritage" (2007), see WIPO's website on Traditional Knowledge, Genetic Resources and Traditional Cultural Expressions, available at www. wipo. int/t-k/en/.

现代改编或编排也可以被认为具有原创性从而受到版权保护。这种对以传统为基础的现代创作进行的保护是否适当？或者说对于某些隐含的和已有的内容进行某种形式的知识产权保护是否必要？[1]

但是，各国、地区都在共同努力，以加强对传统知识和传统文化表现形式的尊重、促进、保护和保存。

各国际组织通过加强对传统知识和传统文化表达保护的研究和讨论，在推进这一领域的发展方面也取得了不同程度的进展。联合国教科文组织通过了一系列关于保护、保存和促进世界非物质文化遗产、世界文化遗产和文化多样性的国际公约和建议。[2]

在这一领域，世界知识产权组织就未经授权和非法使用传统知识和传统文化表达而进行的法律保护工作也非常可观。自 2009 年以来，国际层面对传统知识和传统文化表达的法律保护有了重大进步。特别是世界知识产权组织推进其成员国通过一个规范化进程来形成相关国际法律文件。知识产权与遗传资源、传统知识和民间文艺政府间委员会（以下简称 IGC）主要负责这项工作，并以文本为基础开始进行磋商，旨在推动制定法律文件以确保为前述形式的知识产权提供有效保护。[3]

---

[1] Wend B. Wendland, "Intellectual Property and the Protection of Traditional Knowledge and Cultural Expressions", Barbara Hoffman ed., *Art and Cultural Heritage: Law, Policy and Practice*, Cambridge University Press, 2006, pp. 327–339.

[2] 例如 1972 年、2003 年及 2005 年召开的保护无形文化遗产会议。

[3] 载 www.wipo.int/tk/en/igc。

　　长久以来，IGC 的工作是与土著居民和当地社区、国家和其他利益相关者进行广泛协商。就这些问题，IGC 发表了相当多的报告。

　　与此同时，许多国家和地区组织也在进行相关立法，尝试就这些问题建立一些规范性价值和体系。一个包含了这些法律和立法措施〔1〕的数据库显示了国家和各个地区所采用的各种不同的解决方案。

　　同样，世界各地的很多土著社区都制定了他们自己的关于传统知识和传统文化表达的操作协议。他们的这些协议使得人们进一步认识并接受关于相关社区应拥有这些知识和文化表达的观点。〔2〕

　　在国际标准层面，世界知识产权组织1996 年通过的《世界知识产权组织表演和录音制品条约》和 2012 年缔结的《视听表演北京条约》为"民间文学艺术表达"的表演者提供了国际保护。这些表演者可以授权他人录制他们未固定的表演，并复制录有其表演的录音录像。

---

〔1〕 载 www. wipo. int/tk/en/laws/index. html。

〔2〕 Wend B. Wendland, "Intellectual Property and the Protection of Traditional Knowledge and Cultural Expressions", Barbara Hoffman ed. , *Art and Cultural Heritage*: *Law*, *Policy and Practice*, Cambridge University Press, 2006, pp. 327–339. Wend B. Wendland, "Intellectual Property and the Protection of Traditional Knowledge and Cultural Expressions", Barbara Hoffman ed. , *Art and Cultural Heritage. Law*, *Policy and Practice*, Cambridge University Press, New York, 2006, pp. 327–339. See also Jane Anderson, "Access and Control of Indigenous Knowledge in Libraries and Archives: Ownership and Future Use", Conference Proceedings for Correcting Course: Rebalancing Copyright for Libraries in the National and International Arena, American Library Association, The MacArthur Foundation, and Columbia University, New York, May 2005, available at http: //correctingcourse. columbia. edu/program. html. See also the database of protocols at www. wipo. int/tk/en/folklore/culturalheritage/predatabase. html.

随着文化机构更加直接的参与，正如本部分开头所述，研究者、博物馆和其他文化机构对传统知识和传统文化表达所进行的研究、记录和传播使得土著居民和当地社区逐渐意识到学术和保存活动并非总是能够对他们的权益加以适当的考虑。例如，有人认为对传统歌曲或者部落象征的记录或展示易使其遭受侵犯。在这些情况下，由于缺乏法律保护，保存传统文化表达的特有方式可能引发关注。

为了回应对这些问题的相关信息和指导意见越来越广泛的需求，世界知识产权组织的创意遗产项目制定了与文化遗产的记录、保存和保护相关的知识产权管理指导原则、最佳解决方案和相关资源，并特别关注了有关传统文化表达的使用、管理和所有权归属的问题。[1]许多国家的相关机构都建立了一套框架，用于理解保护传统知识和传统文化表达的重要含义，并制定了解决知识产权问题的最佳方案。世界知识产权组织的方法是重点强调社区的权利及利益与创作者、研究者和公众的需求及利益之间的平衡。[2]世界知识产权组织出版的《知识产权与传统文化保护：博物馆、图书馆和档案馆法律问题与实践选择》介绍了各个机构和社区的法律信息

〔1〕 See www. wipo. int/tk/en/folklore/culturalheritage/index. html. Refer also to the WIPO Survey, "Towards Intellectual Property Guidelines and Best Practices for Recording and Digitizing Cultural Heritage" (2007), see WIPO's website on Traditional Knowledge, Genetic Resources and Traditional Cultural Expressions/Folklore Division, available at www. wipo. int/tk/en/folklore/culturalheritage/index.
html. See also Intellectual Property and the Safeguarding of Traditional Cultures.

〔2〕 Wend B. Wendland, "Intellectual Property and the Protection of Traditional Knowledge and Cultural Expressions", Barbara Hoffman ed., *Art and Cultural Heritage*: *Law*, *Policy and Practice*, Cambridge University Press, 2006, pp. 327-339.

和最佳解决方案，是对本指南有价值的补充。

这些资源不仅面向博物馆、画廊和其他希望建立知识产权相关战略以支持其保护、教育和创收目标的文化机构，其适用范围还包括希望防止他人未经授权使用和滥用其传统文化并借此获利的有关社区，以及希望接触、学习、分享和再利用文化遗产的创作者、研究者和学者。

因此，在处理对土著居民和当地社区而言具有重要文化遗产价值的手工艺品在内的收藏品，特别是涉及诸如秘密的或者神圣的手工艺品之类的敏感文化资料时，应当加以格外注意。特别是在对其进行展览，或者根据不同的项目要求对其进行复制时。根据不同法域的规定，在获得授权进行复制或者以表演（当其为音频或者视听作品时）、展览、展示的方式向公众提供手工艺品之前，有些国家的法律可能还会要求获得其他额外的许可。此外，不考虑藏品或材料的知识产权状态，仅从伦理道德的角度看，为了实现博物馆的日常运转可能也需要获得特殊许可。前文提及的世界知识产权组织制定的文件，重点关注了对土著居民和当地社区具有特殊利益的文化遗产元素保存方面的知识产权管理问题，并为这些问题的解决提供了额外的补充建议和指导意见。

第四节　博物馆知识产权管理中的其他重要法律类型

对于博物馆，特别是收藏机构而言，在其知识产权管理过程中，其他法律也发挥着重要作用。虽然它们不是本文的主要内容，但也不能被忽略，因为它们也会对一个收藏机构管理甚至是利用知识产权的能力产生影响。

一、形象权

根据各个法域的不同规定，形象权可以纳入立法或者构成普通法中的权利。美国的形象权在行使时在一定程度上与版权法的精神权利相关的身份归属权或者商标中的权利相似。据此，被公众所熟知的人物可以在其视听作品和照片被复制或与其他受版权保护的作品以及产品一起被推广的过程中保护其肖像权或形象权。新型形象权在保护期限和决定一个人是否足够著名以获得这种特殊保护的标准上不同。因此，即使版权法已经允许对某一作品进行复制和发行，如果公众人物的形象在作品中出现或者与某个特殊作品一起使用，在对作品进行推广、复制或发行之前，仍然需要获得这位公众人物的许可。[1]

二、隐私权以及涉及隐私的道德问题

隐私权在一定程度上与形象权是相对立的。该权利通常通过立法加以确认，在某些法域被视为基本的人权。随着互联网和私人档案数字化的发展，这一权利越来越受到重视。大部分隐私权的设立目的在于确保那些公众所熟知的人物例如政治人物或社会名流之外的普通人有能力决定和控制如何向他人提供自己的形象和个人信息。对收藏机构来说，在对包含个人信息的会员档案、网络数据和其他收集顾客的个人

---

[1] Mark Litwak, *Dealmaking in the Film and Television Industry*, *Scond Edition*, Silman-James Press, Los Angeles, 2002, pp. 301–305.

信息的活动进行管理时，应当符合隐私权立法要求。

此外，即使版权法已经允许对一部视听作品进行复制和公开表演，如果作品的内容在性质上特别敏感并且对它的表演是公开的，则也可能侵犯到个人的隐私权。特别是当这一公开表演不是仅出于单纯报道某一事件的目的的情况下。包含有儿童的敏感信息及其个人信息的作品尤其容易被控侵犯隐私权。[1]

收藏机构收藏档案类胶片的时候尤其容易涉及隐私权问题。当某一事件发生时，当日的新闻对该事件进行的公开的新闻报道是没有问题的，但事件发生 25 年后再次公开播放（表演）这一新闻报道则有可能构成侵犯隐私权，因为 25 年之后所进行的报道，其目的已经不能再用单纯的新闻报道进行解释。在这种情况下，无论版权法是否允许对一部视听作品进行公开表演，对隐私权的关注和担忧都有可能阻止收藏机构对相关资料的播放。

第五节　合同法和知识产权的
获得（短期的或长期的）

除了规定创作的作品享有知识产权以外，法律还规定了处置、出售、出租和租赁这些权利的途径或方式，通常都可以获得金钱或者其他形式的利益回报。将知识产权暂时地或永久地从一方转让给另外一方需要依赖于合同法。要取得知

---

[1]　Mark Litwak, *Dealmaking in the Film and Television Industry*, *Scond Edition*, Silman-James Press, Los Angeles, 2002, pp. 301-305.

识产权利益，应当通过一份权利获得文件或合同对获取行为进行确认，这种取得经常被视为权利的转让。大部分情况下，应当在负责知识产权登记的政府机构对知识产权所有权的变更进行登记。

知识产权也可以由权利人以协议形式许可他人使用，其中最重要的内容是许可的期限、地域范围和使用目的。许可协议是一份合同文件，可以证明一方已从另一方获得行使另一方享有的知识产权的许可。通过这一方式，与使用他人的知识产权相关的风险得以降低。

许可协议的内容基本上包括：

①协议的当事方，用于阐明谁是权利人，谁是获得许可人；

②本协议许可的知识产权客体；

③获得许可的一方被授权的具体权利类型；

④被授权的使用方式，以及明确禁止的使用方式；

⑤许可清单中列明的费用和特许权使用费，以及相关的报告和审计要求；

⑥许可的有效期限以及是否准予续约；

⑦未履行义务或违约的情形，以及相应的赔偿；

⑧当许可的范围是国际范围时，确定适用的法律和司法管辖。[1]

---

〔1〕 Lesley Ellen Harris, *Licensing Digital Content: A Practical Guide for Librarians*, American Library Association, Washington D. C., 2002.

第六节 许可模式

传统观点认为，最佳的许可方式是通过许可行为收取费用和版税以获得收益。这一模式最初是由出版行业开发的。随着媒体变得越来越复杂，特别是进入 20 世纪后，由于出版公司和媒体内容制作者逐渐在交易中占据了实质性的主导地位，商业许可模式也发展到了一种最理想的模式。不论是与终端用户即消费者之间，还是与他们的作者和作曲家之间的许可协议，其中的大部分条款和条件都是由出版公司和媒体内容制作者决定的。

随着数字内容和互联网的发展，在 20 世纪末，数字内容被认为具有重大的商业潜力[1]，个人作家和作曲家也开始使用互联网进行自主出版。互联网提供了各种新的实验方法，传统的许可也开始产生变化，以适应新的作品出版和传播方式。毫无疑问，点对点（P2P）文件共享技术给音乐录制和发行领域的传统许可模式带来了巨大压力。

某些收藏机构，特别是那些收藏博物馆感兴趣的藏品的机构，其地位逐渐变成了一个知识产权清算机构，这是因为他们的大量藏品都是对他人，通常为学者和艺术家，所拥有的在先权益进行改编后的结果。因此，收藏机构在努力开发可持续性项目的同时，也不得不将其藏品内容的潜在价值视为宝贵的资产予以对待。下一章将对博物馆拥有的知识产权

---

〔1〕 Lesley Ellen Harris, *Digital Property*；*Currency of the 21st Century*, McGraw-Hill, Toronto, 1998.

及其最佳管理方式进行探讨。

第七节　替代性争议解决方式

涉及博物馆的各种纠纷都有可能发生，例如与博物馆藏品相关的知识产权许可或者其来源、管理和所有权等。这些争议可能涉及商业、文化、伦理、历史、道德、宗教或精神方面的敏感的非法律问题。争议各方通常来自不同法域和文化背景。作为一种低成本、高效率、灵活而保密的解决机制，替代性争议解决充分考虑了前述因素，力促争议各方达成可持续性的以利益为基础的解决方案，而不仅仅是采取金钱赔偿的方式（例如提供补偿性艺术作品、长期贷款、共有所有权等）。为了避免争议最终演变为在自己或对方所在地的法院进行诉讼的情况，博物馆应当在就许可协议，特别是国际许可进行磋商时就将替代性争议解决考虑在内。

世界知识产权组织仲裁和调解中心与国际博物馆协会（ICOM）共同管理着一个调解项目，专门帮助解决在艺术和文化遗产领域产生的争端。[1]他们还制定了专门的 ICOM-WIPO 调解规则[2]，相关各方可以从 ICOM-WIPO 清单中选择具有艺术和文化遗产方面专长的调解员。调解的程序包括：首先由国际博物馆协会针对请求调解的申请进行初步审查，以确认相关争议确实属于调解程序的解决范围，并且符合

---

〔1〕　参见 http://icom. museum/programmes/art-and-cultural-heritagemediation/icom-wipo-art-and-cultural-heritage-mediation/ 和 www. wipo. int/amc/en/center/specific-sectors/art/icom。

〔2〕　参见 www. wipo. int/amc/en/center/specific-sectors/art/icom/rules/。

ICOM-WIPO 艺术和文化遗产调解的条件。符合条件的申请被提交至世界知识产权组织仲裁和调解中心开始进行调解，并由该中心管理相关流程。调解程序比较灵活，无论是个人还是公共机构都可以使用。国际博物馆协会和世界知识产权组织还提供有关艺术和文化遗产调解的研习班。[1]

为了通过替代性争议解决机制，包括根据 ICOM-WIPO 调解规则来解决纠纷和争议，世界知识产权组织仲裁和调解中心提供了可供参考的合同条款和协议文本，[2]提供了多种选择，例如有关仲裁的条款规定，"在调解没有解决问题的情况下，通过快速仲裁进行裁决"：

> 凡因本合同及与本合同相关的，以及在本合同修改后产生的任何纠纷、争议或索赔，包括但不限于其构成、有效性、约束力、解释、履行、违反或终止，以及非契约性索赔，都应当依据世界知识产权组织调解规则进行调解。调解地应为【指定地点】。调解使用的语言应为【指定语言】。

> 如在调解开始后 60 至 90 日内，此类纠纷、争议或索赔未能按照调解规定得到解决，则应根据双方当事人中的任何一方提交的仲裁请求，交由仲裁机构根据世界知识产权组织快速仲裁规则进行最终裁决。或者，如果在 60 至 90 日的期限届满之前，其中一方没有参加或者没有持续参加调解，则应根据另一方提交的仲裁请求，交由仲裁机构根据世界知识产权组织快速仲裁规则进行最终裁决。仲裁庭应当包含一名

---

〔1〕 参见 www.wipo.int/amc/en/events。

〔2〕 世界知识产权组织文书样本：www.wipo.int/amc/en/clauses/；ICOM-WIPO 调解规则：www.wipo.int/amc/en/center/specific-sectors/art/icom/clauses。

独任仲裁员。仲裁地点应为【指定地点】。仲裁程序使用的语言应为【指定语言】。被提交仲裁的有关纠纷、争议或索赔应当按照【指定管辖】的相关法律规定进行裁决。

此外，ICOM-WIPO 推荐的调解合同条款规定：

凡因本合同及与本合同相关的以及在本合同修改后产生的纠纷、争议或索赔，包括但不限于其构成、有效性、约束力、解释、履行、违反或终止，以及非契约性索赔，都应当依据 ICOM-WIPO 调解规则进行调解。

调解地应为【指定地点】。

调解使用的语言应为【指定语言】。[1]

替代性争议解决机制并不总是合同的首选之项，但是了解各种争议解决方法对于合同当事各方来说有益无害。

---

〔1〕 参见 www.wipo.int/amc/en/center/specific-sectors/art/icom/clauses。

第三章

博物馆知识产权的界定

博物馆拥有或管理前一章所述的六种类型的知识产权。自 1999 年以来，有关博物馆知识产权管理的学术研究已对有关机构进行了定量和定性调查，以确定它们如何界定其知识产权，以下是迄今为止的研究现状。

第一节　版权

加拿大遗产信息网开展了一项关于博物馆知识产权的商业市场调研，其后又在 1999 年对北美地区博物馆进行了一项管理实践研究。这两项研究都确定了以下几种受版权保护的资产，这些资产作为博物馆藏品的一部分由博物馆持有或拥有：

- ·博物馆藏品中工艺品及艺术品的图片资料；
- ·音频录制品和出版物，例如 CD；
- ·视听作品；
- ·录制在 CD 上或通过互联网可获得的多媒体产品；
- ·纸质版及电子版的出版物和教育资料；

· 有关藏品信息的数据库。[1]

第二节　商标权

1999 年，美国博物馆协会出版了《版权和商标指南》[2]，将受版权保护和受商标保护的资产都确定为由博物馆持有或管理的知识产权。除了上述清单以外，它还在机构拥有的藏品中确定了一些受商标法保护的资产。清单包括：

· 博物馆的名称和任何具有识别性的标识，或者作为商号或商标使用的图形作品；

· 作为商标使用的艺术家的名字或签名，许多杰出的艺术家或者艺术家的基金会将其名字注册为商标并保护其使用；

· 博物馆所在的建筑，特别是在作为电影拍摄场所后广为人知，例如美国纽约的古根海姆博物馆；

· 可作为商标进行保护的展览和项目的名称；

· 通常在博物馆的礼品店中出售的博物馆衍生产品的包装或颜色，作为商标的一种形式[3]；

· 作为商标进行使用的艺术品，该艺术品已经与博物馆

---

〔1〕　Canadian Heritage Information Network, *Like Light Through a Prism: Analyzing Commercial Markets for Cultural Heritage Content*, Government of Canada, Ottawa, 1999.

〔2〕　Christine Steiner, Michael Shapiro, Brett I. Miller ed., *A Museum Guide to Copyright and Trademark*, American Association of Museums, Washington D. C., 1999.

〔3〕　在特定情况下，这些包装和颜色与工业设计法律相关，所谓的工业设计在美国被称为商业外观，商业外观用于保护实用物体的设计，这些设计大部分情况下是服装的设计。

紧密地联系在一起，以至于观众只要见到其中之一，马上就能联想到另一个。

第三节　专利和商业秘密

2002 年，加拿大遗产信息网与国家网络文化遗产行动联合举办了一次关于博物馆知识产权管理政策发展的版权城镇会议。除了版权和商标权之外，与博物馆管理密切相关的另外两类知识产权也被加入了清单之中。因此，会议确定了博物馆的四大类知识产权：

· 在藏品方面，正如新技术出现时最初确定的那些；

· 在学术活动方面，例如藏品信息的情境化，通常由博物馆的管理者进行记录；

· 在技术方面，例如专业的藏品管理方法和技术手段、博物馆专有的 html 标记语言、科学的保存技术、与网络零售相关联的各种电子商务能力的商业模式；

· 在博物馆管理方面，例如包含博物馆会员、捐赠者和资助人信息的数据库，其与博物馆资金筹措相关的商业实践和方法，博物馆特别是非营利性博物馆的组织管理结构。[1]

后面两点直接指向博物馆创造的知识产权，它既可获得专利，也可被视为商业机密。

---

[1] Rina Elster Pantalony, "Why Museums Need an IP Policy", Paper presented at Creating Museum IP Policy in a Digital World, NINCH/CHIN Copyright Town Meeting, Toronto, 7 September 2002, available at www. ninch. org/copyright/2002/toronto. report/html.

第四节　域名和其他与社交媒体相关的专有标识形式

随着新技术的出现，域名最初被认为是一种商标。事实上，域名与商标在功能上相类似。严格来说，域名不是知识产权的一种类型，它通常包含商标和商号，并且可以带来巨大的商业价值。因此，在域名的最初选择、确保可适当更新以及禁止不恰当的复制及使用等方面，都应当进行认真的战略管理。[1]所以法律体系和国内市场迅速认识到域名的管理应有别于商标，有必要建立规范性管理体系，由权威部门授予域名单独且有别于法定商标注册体系的权利。互联网名称与数字地址分配机构（以下简称ICANN）——一家美国注册的域名监管公司，早早地登上了舞台，以满足商业网站运营商的需求并管理".com"域名。[2]现在，有许多监管主体管理域名注册工作，特别是与单个国家或地区相关的域名的注册。例如在加拿大，加拿大互联网注册局（CIRA）负责管理".ca"域名。[3]博物馆现在也可以注册一个自己的域名，该域名仅限于由国际博物馆协会规定的博物馆使用，并由博物馆域名管理协会（MuseDoma）与ICANN共同管理。[4]

---

〔1〕　例如，在全球层面，互联网名称与数字地址分配机构管理域名的注册和使用。再如，在加拿大，加拿大网络域名注册机构管理加拿大申请人对".ca"域名的使用。每一个国家都有本国的顶级域名，并成立机构对其进行管理，参见www.icann.org/和www.cira.ca/。

〔2〕　参见www.icann.org/en/about/welcome。

〔3〕　参见www.cira.ca/why-ca/proudly-canadian/。

〔4〕　参见www.icann.org/en/about/agreements/registries　museum/agreement-03nov07-en.htm。

除了域名以外，社交媒体的发展、流行和应用，在脸书（Facebook）网页、推特（Twitter）账号甚至是有争议的对上传到照片分享网站（Pinterest）及其他类似的社交媒体上的图片的拼贴上都产生了知识产权和专有权利。值得注意的是，随着互联网的不断发展，知识产权的权益也正在不断发展，以至于相关的规定也发生了变化，例如，在上文讨论的域名注册和管理方面。取而代之的是每一个平台都有自己的监管和注册系统，只以专有的方式在自己的特定平台上发挥作用，并且只受各自的政策和准则的约束。

第五节　工业品外观设计

正如前章所述，工业品外观设计可以构成不同类型的知识产权。各博物馆要么收藏工业品外观设计藏品，要么作为为商业发展创造产品的一种手段，委托制作受其藏品启发的新设计。根据国内法对工业品外观设计的保护，知识产权可以适用于藏品物体，因此需要许可才能复制和发行。与此同时，博物馆在对这些物品进行复制和发行时，可能会因为文化敏感性的影响而被要求做出一定的限制和妥协。最后，关于委托作品，根据国内法对工业品外观设计的保护和博物馆作为委托人与独立的设计者之间的合同约定，委托设计将为博物馆带来新的知识产权。本指南的第六章将详细讨论博物馆利用自己的名称和商标制造和销售以设计为基础的产品的商业前景。

尽管在知识产权的类型问题上仍存在争议，但博物馆作为藏品的管理者，有三项主要的使命和任务：

①保存藏品；

②公众教育；

③为公众提供接触藏品的渠道。

对知识产权进行战略性的信息管理，将增强博物馆实现上述三项职能的能力。第四章阐述了可以让博物馆利用商业机会的管理技巧。本指南的第二部分将会对潜在的商业机会展开讨论，如果得到妥善利用，这些潜在的机会可以为博物馆带来可持续增长的经费来源。

第四章

博物馆知识产权管理

首先，本章的目的是定义和讨论一系列最佳实践方案，使博物馆能够理解、审查、评论并在必要时利用前章描述的商业机会。简言之，它们被称为知识产权管理方案。即使博物馆明确不希望参与商业活动，这些最佳实践方案也被认为仍然是必要的，因为它们提供了完成目标、使命和任务的手段。合理健全的知识产权管理方案不只是让博物馆能够参与商业活动，还能够保护它免于承担不必要的和通常可避免的知识产权侵权责任。

知识产权管理包含一系列帮助博物馆对其藏品进行识别、组织并加深对藏品的理解的程序。过去，博物馆将其财产和藏品视为有形资产。例如，博物馆的不动产或者不动产所得的租赁收益通常由博物馆的行政部门进行管理。另一方面，博物馆的藏品由登记员或藏品管理员进行管理。随着新技术的出现和对复杂的知识产权问题的意识的不断提高，新的管理程序现在被认为是管理可能不那么明显的资产和负债的必要手段。

在开始阶段，博物馆缺少管理类似事务的专业知识，因为知识产权资产不是有形的——也就是说，不太容易被认定为机构的资产。随着技术的发展，针对其无形资产，博物馆也开发出了一套独特的管理方法。

无论目前博物馆用何种方式进行知识产权管理，尽管博物馆以后还可能采纳新的实践或政策，其当前开展的这些实践都将对博物馆未来的知识产权管理产生影响。因此，以后的知识产权管理要素应借鉴当前管理实践中的区域性记录，并考虑知识产权管理过程中的环境、传统和文化因素。从商业角度来说，对目前的管理实践进行的区域性记录可以被称为"环境审查"。

基本上，知识产权管理可以分为以下七种类别：

①知识产权清算或审计；

②知识产权政策；

③许可战略；

④数字权利管理方法；

⑤外部采购；

⑥沟通和营销计划；

⑦环境审查。

第一节　关于知识产权清算或审计的最佳实践建议

如果一座博物馆没有意识到其所拥有的知识产权资产，或者对于其知识产权资产的授权条款和条件并不了解，那么就无法评估这座博物馆是否有能力参与前面章节中提及的商业活动。做出商业预期的基础是，参与者对自己拥有的资产和这些资产对他人的价值要有清楚的认识。

戴安娜·佐里奇（Diane Zorich）在她影响深远的著作

《制定知识产权政策：博物馆操作指南》〔1〕中指出：

> 知识产权审计具有许多功能。它可以告诉你拥有哪些知识产权，以及这些权利从何而来。它还可以促使一座博物馆对其资产更负责任，使用"重新发现"的资产来帮助推进创意项目。此外，它还能帮助机构的管理人员遵守知识产权法律，避免侵权行为。〔2〕

博物馆知识产权审计不一定是对过往实践的审计。相反，它是由机构持有的一份知识产权资产清单，无论这些资产是通过创造、收购还是许可获得的。这同时也是一份与博物馆藏品中的文物相关的知识产权利益清单，即使有的权利人身份不明或权利归其他人所有。因此，我们建议知识产权清单应当根据一般的藏品清单进行制作，如果可以，还应当将清算的结果并入藏品管理系统。

此外，知识产权清单可以被分成与藏品相关的知识产权利益和与博物馆管理相关的知识产权利益两部分。后面一部分包括由博物馆作为整体进行管理的知识产权利益，诸如商标和名称、许可将其场地用于拍摄电影、博物馆开发的技术创新、商业经营方法，以及对博物馆出版物的许可使用。

知识产权审计是一个耗时长久且复杂的过程，并且永远

---

〔1〕 Diane M. Zorich, *Developing Intellectual Property Policies: A How-to-Guide for Museums*, Canadian Heritage Information Network, Government of Canada, Ottawa, 2003.

〔2〕 同上。

都没有开始的最佳时间。大部分情况下，博物馆是因为外部压力的推动才开始对知识产权资产进行审查，例如一项新举措的产生，或者更差的情况是，当博物馆被指控违反了知识产权法的时候。在管理与风险相关的问题时，最好的办法通常是积极主动进行管理，这样才能使风险可控，并将发生意外事件的概率降至最低。因此，推荐由管理层做出决定开展知识产权清算或审计。简而言之就是"不要等到事件被触发"。

怎样选定这项任务的负责人？如果审计工作是从与博物馆的管理相关的知识产权资产开始清算，由负责博物馆管理的人作为负责人最为合适。另一方面，与藏品版权相关的知识产权审计，最好由直接负责藏品的工作人员来负责。例如，负责授权将博物馆场地用于电影拍摄的管理人员应当了解与此相关的授权条款和条件、此种授权能够带来的价值以及不同情况下的条件和要求是什么。

另一方面来说，藏品管理人员或者博物馆的登记员对于藏品的广度和范围有更清晰的认识。负责藏品目录的开发和出版的工作人员，在与其出版相关的权利和复制事宜方面拥有经验。由这些人员来管理与藏品本身相关的知识产权审计或清算工作更为适宜。

最后，博物馆还应当聘请法律顾问，由律师对清单和其中记录的相关决定进行审核。如果文件中的条款需要解释以确定与资产相关的权利状态，请考虑持续咨询律师。因此，建议根据经验和责任对清算任务进行实质性的分配，并由一至两人来负责最后成品的交付。

在一次1999年进行的定量研究中，加拿大遗产信息网确定大部分博物馆都没有集中其权利管理职能。相反，这一职能是根据博物馆的需要被分割行使的。[1]在这种情况下，博物馆的出版部或者馆长可能会因为要举办一个特别展览或者出版藏品目录，而对藏品的相关权利做不必要的行使。

博物馆档案中可能包括大量记录了藏品使用状况的文档，其中可以看出此前的知识产权管理决定。同样，对于特定的功能和任务，博物馆固有的知识产权管理工作最有可能与管理者相关。当有法律顾问介入时，律师可以真正获得必要的档案来完成清算工作。因此，建议不要期望这些信息被集中，除非你的博物馆已将相关职能作为优先事项进行了集中管理。

在清单编制中你需要寻求什么样的文件？最好的情况是，在获得藏品的时候也同时取得了与藏品有关的知识产权。因此，证明藏品取得的文件对于确定藏品的相关权利状况而言具有关键作用。此外，以前和现在的许可协议也可以提供大量的信息，例如为了特定的使用已许可的权利，必要时可以联系的权利人的联络人，权利人提出的使用限制，为复制许可或知识产权分配所支付的费用，等等。展览协议中也包含着与知识产权相关的关键信息，因为知识产权许可使用的条款通常包含在展览协议中，而非另行制作其他文件进行规定。为此，戴安娜·佐里奇建议当博物馆临时举办访问讲座或展览时，应仔细审查访问讲座或展览和策展人的协议，以了解

---

〔1〕 Unpublished Study for the Canadian Heritage Information Network about Museum IP Management Practices, Canadian Heritage Information Network, Government of Canada, 1999.

与其策展工作相关的权利。[1]

最后，管理文档可能会包含能够说明与某件作品相关的知识产权状况的信件或电子邮件。根据国内合同法的规定，这些信函也可以整体被视为合同的一个组成部分，或者至少可以被视为证明双方意图的证据。因此，建议对包含藏品权利相关信息的任何文档都进行尽可能详尽的分析。你会发现，那些能够清晰地理解和列明相关权益的所谓提供确凿证据的协议或许很有可能是不存在的。通过对这些文档的审查可以发现，看似没有问题的协议和许可合同对知识产权和相关利益的理解都是不正确的。

清单中应当记录哪些信息？有许多方法可以记录与馆藏作品或博物馆自创的知识产权相关的知识产权清单。清单中两项最重要的信息可以让清单审查者一目了然地了解相关物品或作品的知识产权是归博物馆所有，还是已经超过了保护期限。其他主要信息如果知道，还包括仍然有效的知识产权的权利期限以及管理这些权利的个人或公司的联络信息。最后，清单中还应当载明有关作品使用的限制性规定。例如，如果一个艺术家不愿意许可其作品在互联网上进行复制和发行，该信息应当记入清单。因此，建议根据需要和专业来确定博物馆所需的最重要的信息类型，并确保始终为每一个被确定的知识产权利益提供相同信息。

本领域的一些专家还建议，清单中应当包含以前已经支

---

〔1〕 Diane M. Zorich, *Developing Intellectual Property Policies: A How-to-Guide for Museums*, Canadian Heritage Information Network, Government of Canada, Ottawa, 2003.

付的费用、获得的费用以及未经许可对作品进行复制和发行可能存在的风险。费用和风险信息代表着对知识产权资产的整体评估。[1]正如前面章节所述，收藏机构的名望和声誉是其最重要的两项资产，损害收藏机构名望和声誉的不当风险会对机构的商标的整体价值造成影响。

因此，因故意侵犯知识产权而带来的声誉损失是一个严重的问题。当然，根据法域的不同，有些侵权行为涉及的经济责任，有时甚至是刑事责任，也会极大地影响博物馆继续运营的能力。因此，我们的建议是，如果以前的协议规定了使用限制或者在与权利人的往返信函中记录了特定的敏感事项，这些限制性规定都应当记录在知识产权清单中。

是否还存在影响某些使用的其他法律或道德问题？这些可能包括隐私权和发表权等法律问题。某个手工艺品是否来自有关人种的收藏，因而对土著居民来说是神圣的？已进入公有领域的某一手工艺品是否还能作为传统文化表现形式而受到保护？如果这件作品已经进入公有领域，但是艺术家仍然希望能够根据合同约定，未来在对该艺术品进行使用时是否仍应征求其意见？音乐作品在各方面的权利是否已经用尽？因此，如果知识产权的附属权利可能会影响未来的复制和发

[1]　Diane M. Zorich, *Developing Intellectual Property Policies: A How-to-Guide for Museums*, Canadian Heritage Information Network, Government of Canada, Ottawa, 2003, available at www. pro. rcip - chin. gc. ca/propriete _ intellectuelle - intellectual _ property/elaboration_ politiques - developing_ policies/index - eng. jsp. See also Maria Pallant-Hyun, "From IP Audit to Valuation and Management", Presentation given in Toronto at Creating Museum IP Policy in a Digital World, NINCH/CHIN Copyright Town Meeting, Toronto, 7 September 2002, available at www. ninch. org/copyright/2002/toronto. html.

行，建议在清单中记录这些信息。

　　下列有两张样品库存表，一份是纽约大学提斯克艺术学院研究生在移动影像和档案保存项目中设计的藏品清单（见清单表格范例1），另一份是玛丽亚·帕伦特铉（Maria Pallant-Hyun）设计的知识产权许可清单和价值评估清单（见清单表格范例2）。[1]

清单表格范例1

艺术家姓名	作品类型	版权所有人及联系方式	版权有效期	是否进入公有领域?	许可及期限	使用限制	是否有电子权利?

清单表格范例2

段落名	
合同类型	
音乐标题（出版人和作曲家）	
形象权	
社会/集体	
许可和许可人	

---

[1] 玛丽亚·帕伦特铉，所罗门·R.古根海姆博物馆前助理法律总顾问兼许可部主任，任职期为1997年至2007年。

续表

段落名			
发行			
使用限制			
是否有电子权利?			
期限/续期			
关键条款			
是否有处于公有领域的作品?			
说明			

一、许可清算和知识产权清单评估检查[1]

政策制定的程序：从知识产权审计到评估和管理
2002年9月4日（玛丽亚·帕伦特铉）

1. 审计：为什么，谁，何时，何地，是什么？
为什么博物馆要进行知识产权审计？
· 单纯从清单的角度：你有什么？它来自哪里？
· 利用已知"资产"启动和促进创意项目
· 监督执行（你使用第三方的知识产权，反之亦然）
· 避免侵权
· 制定一项精准的知识产权政策

由谁进行博物馆知识产权审计？
· 在一般的商业交易中管理资产或从中受益的人

---

[1]　玛丽亚·帕伦特铉强调该清单包含经权利人许可的复制。

博物馆应当何时开展知识产权审计？
· 定期开展
· 在一项商业活动或新计划开始前
· 引入一项新权利或新员工入职后开展
· 作为一件法律诉讼的结果

博物馆的知识产权在哪里？
· 了解你的部门和办公室

你在寻找什么，准确地说，你在关注什么？
· 商标（名称、标识和建筑形象）、商业外观、域名、版权
· 联邦政府的注册/国家/外国/普通法
· 藏品、出版物、产品、网页、数据库、展览名称、设计、演讲、影像
· 如何解释所有权：关于转让、许可、放弃和雇佣作品的入门读物。

2. 评估：无形资产可以产生有形价值
· 对资产负债表进行正式评估/风险分析对照非正式的文化评估
· 通过许可进行衡量（双向的）
· 通过限制或条件衡量权利的范围
· 通过工业标准/有可比性的公平交易（公平市场）进行衡量
· 产生收益或其他惊喜：在博物馆使命范围内利用知识产权

3. 管理：建立庞大的知识产权数据库

·保存完整的文档

·撰写专业的合同和许可文件/保管记录

·追踪所有权和其他权利

·追踪版权状况（版权期限/关于短期保护期的描述）

·回忆并记录照片的权利及其他附属权利（但请参见布里奇曼艺术图书馆有限公司诉科立尔集团案）

·注册

·监控侵权人

·附上适当的法律通告、信用额度、结构和联系、互联网使用条件

·为员工建立知识产权内联网，用于学习知识产权及相关程序

第二节 为什么要制定知识产权政策？

2002 年的版权城镇会议提出了以下六条博物馆应当制定知识产权政策的理由：

（1）目前，知识产权在为观众提供参观体验的过程中不可或缺，因为虚拟环境作为附加的教育资料，已与博物馆的实体展览融为一体。技术创新使得博物馆能以以前从未想过的方法将其展览进行情境化处理。因此，关于博物馆的知识产权资产管理应当有清晰一致的表述，这与博物馆的房产同样重要。

（2）要想对文化遗产进行利用，博物馆需要对商业管理战略进行前瞻性思考，制定能够评估潜在商业机会的政策。这些政策应该提供一个路线图，用来判断商业机会是否符合

博物馆的使命和任务的范围。这些政策还应当提供证明商业机会被最大化以充分发挥其潜力的手段。

（3）出于策展的需要或是为了实现博物馆的教育功能所开展的多媒体展览的教育机会最终能否实现，取决于对相关藏品知识产权状况的了解。政策可以为博物馆提供方法和手段，持续一致地解决与网络公共虚拟展览的制作和发布相关的权利问题。因此，这一政策使得博物馆网站使用规则的编制工作变得容易。

（4）知识产权政策确保整个组织的管理质量。通过确保统一的决策制定方式，可以避免出现一个部门做出的内部决定与另一个部门的决定相冲突的情况。

（5）通常博物馆经济压力可能会与道德或策展的压力相冲突。这种相互冲突的行政压力要求博物馆必须明确如何管理或解决与知识产权有关的问题。

（6）政策是一种方法，以确保决定是始终如一地使用同一套标准做出来的。为解决知识产权问题而做出的决定增加了关于博物馆知识产权管理和实践方面的知识。[1]这一点非常引人注目，因为提供决策原则和指导方针的能力以及对这些决策的记录在最近的司法审判中被认为是有说服力的。[2]

---

〔1〕 Rina Elster Pantalony, "Why Museums Need an IP Policy", Paper presented at Creating Museum IP Policy in a Digital World, NINCH/CHIN Copyright Town Meeting, Toronto, 7 September 2002, available at www. ninch. org/copyright/2002/toronto. report/html.

〔2〕 票据交易所加拿大公司诉上加拿大律师协会案，加拿大最高法院2004年判例第 13 篇（CCH Canadian Ltd. v. Law Society of Upper Canada, 2004 SCC 13.），加拿大最高法院以一致意见做出判决：上加拿大律师协会图书馆不需要承担侵权责任，因为该图书馆制定了针对其合理交易决定的书面版权政策。

第三节 知识产权政策——大学模式

博物馆的知识产权政策由一系列原则性声明（或说明）构成，当博物馆的管理者需就博物馆自有的或被许可的知识产权如何使用做出决定时，这些政策可以为其提供指导。这不是一个新的概念，也并非博物馆独有。事实上，在涉及潜在的许可要求和商业机会时，私营部门都会利用类似于政策性的文件来帮助他们做出决定。[1]

因此，就像大学政策一样，博物馆的知识产权政策是一系列适用于博物馆内部的原则性声明（或说明）。坚持执行这些政策的总体目的在于降低风险。其管理目标是厘清机构、工作人员、藏品作者和艺术家的权利和义务，以及机构赞助人的相关利益。

2002 年在多伦多针对博物馆知识产权管理举行的版权城镇会议上，北卡罗来纳大学的劳拉·加斯韦（Laura Gassaway）教授回顾了大学在制定知识产权政策方面的经验。制定政策的目的是在争端发生前把问题弄清楚。加斯韦教授对学校需要知识产权政策的原因进行评述。大学政策包括关于免除侵权责任的声明、自有知识产权的所有权及其使用的声明、学校用以明确学生享有的知识产权和学生使用第三方权利情形的方法等。[2]由此可见，与博物馆类似，大学既是知识产权

---

〔1〕 Rina Elster Pantalony, Amalyah Keshet, "To B2B or Not to Be. IP Ecommerce Management Services for Museums and Archives", *Spectra Magazine*, Museum Computer Network, Los Angeles, vol. 28, 3 (2001), pp. 36-39.

〔2〕 参见 www. ninch. org/copyright/2002/toronto. report. html。

的使用者，也是知识产权的创造者。国家网络文化遗产行动和加拿大遗产信息网共同认可了博物馆和大学的这一相似性，开始实施一项将大学政策运用到博物馆的计划，2003 年双方联合发布了一本出版物，被许多博物馆用来指导其政策制定工作。[1]

一、怎样创立知识产权政策

政策的制定是没有固定模式的，有些博物馆把他们的政策视为一个有机组成，在反复的发展过程中使之进化。例如，最好是制定一个统一的政策，并在同一时间编写和实施，但形成政策的一套指导性原则也可能以一种特别的方式，通过很长时间才发展起来。尽管如此，在制定政策的过程中，应当考虑到以下几个因素：

1. 时间因素

政策不是也不应当是一夜之间就制定完成的。这是一项持续不断的任务，必须纳入随着时间的推移而参与制定政策并对其进行修订的工作人员的工作计划中。即使政策已被起草和通过，博物馆也仍需不断地对政策重新进行审视，以确保其与当前的商业实践和法律规定保持同步。

2. 获得支持

为了使政策能够协调一致并始终如一地得到执行，工作人员和管理团队应当从观念上支持政策的实施，从行动上赞成并参与到政策制定流程中，同意最终形成的政策，并发挥

---

[1] 国家网络文化遗产行动和加拿大遗产信息网在本书第 45 页注释〔1〕提及的佐里奇的成果中进行了合作。

领导作用以确保政策能够在整个博物馆内得到实施。

作为介绍某一观点并获取受众支持的一个手段，证据至关重要。而实例，例如以往的经历，是最具有说服力的重要证据。举例来说，为促进美国纪录片团体对签署实践协议的必要性的认识，美利坚大学社会媒体中心与华盛顿大学法学院联合发布了一份报告，报告提出了一项具有说服力的证据：美国纪录片团体未能使用美国版权法提供的一些法律手段来证明其复制纪录片行为的合法性。[1]这些纪录片社区的成员认为对纪录片的每次使用均需要获得许可，而实际情况并非如此。该报告促进了美国有关纪录片内容再利用行为政策的制定和发展，美国的纪录片出品人、出资人和电影协会成为该项政策的支持者。其他组织和团体也都开始依葫芦画瓢，仿效这项政策。[2]

尽管博物馆的政策都是内部性的，并不会与公众分享，但作为一种支持，在机构内部传播一些包含以往经验的初步书面报告可能是有益的。作为额外的推动力，报告应包括一些风险评估，包括对因未能参与有效的知识产权管理的一部分的政策过程可能导致的风险进行的评估。即使既有经验表

---

〔1〕 Patricia Aufderheide, Peter Jaszi, *Untold Stories: Creative Consequences of the Rights Clearance Culture for Documentary Filmmakers*, Center for Social Media, School of Communication, American University Washington College of Law, American University, Washington D. C. , November 2004, available at www. centerforsocialmedia. org/fair-use/ best-practices/documentary/untold-stories-creative-consequences-rights-clearance-culture.

〔2〕 Center for Social Media, School of Communication, Washington College of Law, American University, *Documentary Filmmakers' Statement of Best Practices in Fair Use*, available at www. centerforsocialmedia. org/sites/default/files/fair_ use_ final. pdf.

明博物馆未必会承担知识产权侵权风险，但未能正确评估潜在商业机会的行为也可以被认为是导致财务风险的原因。

3. 雇用正确的人员

要采取一个具有包容性和全局性的方案，同时只需要雇用少数人员参与政策制定。负责知识产权决策的工作人员应当参与这一过程。这些人员主要包括：

①负责出版物的权利和复制的人员；

②负责教育和宣传的人员；

③策展人员（在他们参与这些工作的程度和范围之内）；

④登记员和藏品管理员；

⑤宣传和交流人员；

⑥保管人员；

⑦负责战略规划的行政管理人员，因为他们对博物馆的运行有着全面的了解。

不过，制定政策的关键是确保不让律师过早地参与到政策制定过程中来。律师应当对政策文件的表述进行检查以保证与法律规定相符，并提出有战略意义的建议。但是，因为他们并没有参与到博物馆的日常运行活动中，因此他们不应当参与政策的起草。博物馆应当建立一个小型工作团队起草政策文件，一旦完成起草，应当传阅草案以征询意见。一旦草案通过了参与相关事项的工作组或者工作委员会的审核，则应当提交行政管理层进行审查，条件允许的情况下，还可以提交给法律顾问审查。

4. 知识产权审计或知识产权清单的相关事项

知识产权政策应当根据不同博物馆的不同需求进行定制。

因此，至关重要的是知识产权政策源于知识产权清单，是处理清单中列出的知识产权管理问题的手段之一。这包括在清算过程中对博物馆承担风险的能力进行的评估。在这种情况下，如果机构具有很强的规避风险的意识，相关评估将会体现在政策声明中。

5. 目前的经营实践和博物馆的使命与责任的相关事项

政策应当考虑目前的经营实践和其他管理政策，并因此成为与博物馆的使命相协调的文件。知识产权管理应当通过平衡的方法确保博物馆能够以反映其总体使命的方式运行。

6. 道德和价值的相关事项

第二章提到的软法问题，取决于每个机构的藏品，并在政策制定过程中起到一定作用。尽管有法律规定，但由于文化敏感性或作为保护长期传统或关系的手段，要求藏品的利益相关方提供意见可能会有好处。如果是这样，我们强烈建议在政策中体现这些道德和价值。

7. 采纳、教育和执行

一旦负责政策制定的人通过了该政策，行政管理部门应当采用该政策并确保其能在整个博物馆得到执行。博物馆内部应当对没有参与政策制定的工作人员进行政策教育。如果博物馆员工规模庞大，则建议博物馆负责沟通的部门制定内部交流策略。最后，政策一旦被采纳、传播、交流和执行，应当被认为是正在使用中的活跃的而不是静态的文件。法律、商业和管理实践以及科技的发展都可能产生修订政策的需要。因此，应当每年，甚至每半年对政策进行一次审查，以确保与当前的实际情况相符。

皇家安大略博物馆（The ROM）制定了自己的版权政

策，该政策自2002年开始实施。皇家安大略博物馆的政策是其数字化举措业务方面的主要推动力，皇家安大略博物馆期待以下三个关键领域能够得到巨大增长：博物馆的吸引力、资产开发以及教育规划。正如皇家安大略博物馆的布莱恩·波特（Brian Porter）在2006年接受采访时所说，"版权政策是这些领域取得成功的关键"。[1] 皇家安大略博物馆的版权政策由皇家安大略博物馆出版，并收录在本指南的附录部分，[2] 供大家参考。作为比较，北卡罗来纳大学的16个独立校区制定的于2001年生效的版权政策也可作为参考。[3]

第四节　许可策略

如果博物馆决定投身于复杂的许可活动中，就应当制定相应的许可策略。莱斯莉·艾伦·哈里斯（Lesley Ellen Harris）参照数字授权的经验，提出了以下博物馆的许可策略：

数字许可策略作为一个蓝图或者规划，指导和帮助博物馆顺利通过数字许可的迷宫。考虑到博物馆的特殊地位，应当站在数字内容的所有者和消费者的立场来审视许可策略。从所有者的角度来说，策略无须重复，但应该体现博物馆的知识产权政策。知识产权政策可以帮助博物馆审核并确定其

---

〔1〕　作者在2007年1月采访了布莱恩·波特，波特是皇家安大略博物馆新媒体资源部的前主管。

〔2〕　皇家安大略博物馆的复制行为经过了权利人的许可。

〔3〕　北卡罗来纳大学的版权政策参见 www.unc.edu/campus/policies/copy-right%20policy%2000008319.pdf。

版权资产，而数字许可策略则可以帮助博物馆进入到另一个阶段，即授权他人使用这些无形资产并通过这种授权获利。[1]

知识产权是一个复杂的问题，需要对在博物馆内外流动的权利进行监测和管理。许可策略要从长远的角度出发，在可能的情况下尽量掌握期限届满、许可期限和续约谈判工作的时间节奏，从而减轻工作量并化解经济压力。这也是保证许可工作良好运行的关键点。

许可策略还可以帮助确定一项新的许可是否可行。许可策略帮助博物馆预先制定出财务和知识产权规划。有时候，博物馆可能希望开展一项新的计划，但是因为费用或相应权利已经被用于之前的其他计划或项目而不能实施。通过许可策略对权利进行管理，可以避免出现此种情况。

许可策略就像一个工作计划，可以为新的机会提供长期积极的规划。博物馆可以在掌控全局的情况下寻找新的商业机会，而不仅仅是对偶尔出现的机会作出回应。

〔1〕 Lesley Ellen Harris, *A Canadian Museum's Guide to Developing a Digital Licensing Agreement Strategy*, Canadian Heritage Information Network, Government of Canada, Ottawa, 2004, available at *www. pro. rcip-chin. gc. ca/propriete_intellectuelle-intellectual_ property/guide_elaboration-guide_ developing/index-eng. jsp.*

第五节　数字权利管理方案

数字权利管理（DRM）是对一系列技术方法的统称。[1]从本质上来说，是通过技术方法实现在数字环境下对内容的控制、监测、提供或者拒绝使用。数字权利管理有许多类别和形式，对于不同的使用人和实施者来说具有不同的含义。在互联网上搜索"数字权利管理"这一概念会出现许多不同的解释。数字权利管理包括对特定人或机构所有的数字内容进行标记的技术，用于影像图片上的水印技术就是一个例子。数字权利管理也可以包括权利管理信息，附加在内容上，用于使用者表明内容的所有者的情况。数字权利管理还可以是一种阻碍内容访问的屏障，通过权利声明向使用者说明使用限制，或者允许权利所有人追踪内容的使用情况。但是，根据新闻报道所称，数字权利管理的形式是，使用人在没有提前获得安全密码（就是一个用户名和密码这样简单）的情况下，将无法访问相关内容。安全密码通常只有在使用人签订使用合同并支付相应费用后才可以得到。[2]

---

〔1〕 See generally, the WIPO Study, "Current Developments in the Field of Digital Rights Management", available at www. wipo. int/meetings/en/doc_details. jsp? doc_id=29478, and the "WIPO Study of Limitations and Exceptions of Copyright and Related Rights in the Digital Environment", available at www. wipo. int/meetings/en/doc_details. jsp? doc_id=16805.

〔2〕 Findings as reported to Canadian Heritage Information Network by David Green in rigorous survey of the use of DRM in museums, reported to CHIN in a report on the adoption and use of DRM by and for museums in Canada, Government of Canada, 2010, available at www. pro. rcip-chin. gc. ca/gestion_collections-collections_man-agement/GND-DRM/gestion_numerique_droits-digital_rights_management-eng. jsp.

尽管各方都在尝试合作，[1]但是这些技术的发展主要还是源于商业性的内容产业的推动，其目的是为了阻止互联网上日益猖獗的知识产权盗版。网上的很多软件应用采取的都是全有或全无的访问方式。也就是说，或者允许访问全部的内容，或者拒绝对任何内容进行访问，而完全没有考虑知识产权法中给予特定目的使用者的例外和限制规定。这些使用者通常包括教师、学生和大部分非营利性博物馆。

曾经在美国为教育部门进行呼吁的著名知识产权学者帕梅拉·萨缪尔森（Pamela Samuelson）希望市场的压力能够让数字权利管理考虑消费者的需求，并倡导建立一个具有更强消费者意识的数字权利管理体系：

除非科技产业、计算机专业人士和公共利益组织共同确定并签署一系列基本原则，否则（在数字权利管理中引入广泛的消费者保护意识）是根本不可能出现的。[2]

由于政策甚至是理念方面的原因，博物馆还没有对数字权利管理技术表现出浓厚的兴趣。博物馆的功能之一是向公

---

〔1〕 例如，安全数字音乐计划（SDMI）于1998年开始，包括国际商业机器公司（IBM）、微软、美国唱片业协会、英特尔公司和索尼公司在内的各方都试图在数字版权管理技术领域建立一个标准联盟。目前，安全数字音乐计划已经被放弃，因此在该领域没有任何标准，其网站 www.sdmi.org 现在已经无法打开。教育界和内容开发行业一起进行了一些初步的实验，但由于缺乏资金和承诺而停止，其网站 www.ondisc.ca 现在已经无法打开。See also Pasi, Tyrvanainen, "Concepts and Design for Fair Use and Privacy in DRM", *D-Lib Magazine*, February 2005, available at www.dlib.org/dlib/february05/tyrvainen/02tyrvainen.html.

〔2〕 Pamela Samuelson, "DRM {And, Or, Vs} The Law", *Communications of the ACM*, vol. 46, 4 (2003), pp. 41–45.

众提供接触藏品的机会，他们认为这些技术壁垒可能会妨碍博物馆功能的实现。博物馆对于数字权利管理技术，特别是那些具有拒绝访问功能的技术持有怀疑态度。因此，极少数博物馆采用这些技术，更多的是依靠在博物馆的网站上发布版权声明来达到威慑的目的。此外，还有很多博物馆采取的办法是在网站上使用低像素的图片，这样即使照片被复制，也难以用于大部分的商业出版用途。[1]

但是这一方法也不再像以前那么有效，因为除了图片外，博物馆开始在线提供更加动态的藏品内容信息。博物馆提供在线访问音频、视听材料或邀请他人提供时，如何做到保护版权不被侵犯呢？博物馆有可能被迫接受各种形式的数字权利管理解决方案，其目的不是为了阻止公众访问和使用作品，而是为了确保公众能够以符合规定的形式访问和使用受版权法保护的作品。这不是一种新颖或理想的方法，但是考虑到在非营利机构使用数字权利管理的两极分化情况，这应该是争议最小的方法。

从历史的角度来看，自1997年出版了第一部《虚拟展示案例》[2]起，加拿大遗产信息网就一直在研究博物馆的实施条件以及可使用的数字权利管理产品。在第三版中，出版者指出，该书的目的在于为互联网环境下保护电子图片提供一个指导工具。此外，他们还出版了一份软件产品出版物，标

---

〔1〕 Findings as reported to Canadian Heritage Information Network, by David Green, in rigorous survey of the use of DRM in museums, published by CHIN in 2010, available at www. pro. rcip-chin. gc. ca/gestion_collections-collections_management/GND-DRM/gestion_numerique_droits-digital_rights_management-eng. jsp.

〔2〕 *Virtual Display Case*, *Third Edition*, now archived and available at www. chin. gc. ca upon demand.

题为《藏品管理软件评论》，其中也包含了对各类藏品的权利和复制信息进行管理的软件的评估标准。[1]信息的范围可能并不限于本章前面推荐的版权审计清单的范围。最近，加拿大遗产信息网在 2010 年出版了由戴维·格林（David Green）撰写的关于博物馆和数字权利管理的重大研究报告。他以加拿大遗产信息网在该领域的开创性工作为基础在博物馆层面进行了深入研究。[2]因此，尽管博物馆不论是在以使命为导向的传播活动中，还是在为商业目的传播藏品内容的活动中都还没有采用数字权利管理的解决方式，但博物馆已经意识到，在当前的服务和教育背景下，对其藏品中艺术品的相关知识产权信息进行追踪是一项必须开展的工作。

　　尽管一些类型的数字权利管理特别是保护技术，被归类为采用极端操作的技术，或是完全阻止访问，或是只有经过许可才能访问，但仍有可能创造一种更谨慎的数字权利管理方法，以允许特定环境下可以不经许可就能够进行访问的情形。[3]有人建议数字权利管理应当考虑某些使用者的需求，

---

　　〔1〕 *Collections Management Software Review*, now archived and available from CHIN on demand at www. chin. gc. ca. Its criteria checklist is still available online at www. pro. rcip–chin. gc. ca/gestion_collections–collections_management/liste_criteres–criteria_checklist/sommaire–summary–eng. jsp.

　　〔2〕 *Collections Management Software Review*, now archived and available from CHIN on demand at www. chin. gc. ca. Its criteria checklist is still available online at www. pro. rcip–chin. gc. ca/gestion_collections–collections_management/liste_criteres–criteria_checklist/sommaire–summary–eng. jsp.

　　〔3〕 See Broadband Stakeholder Group, Report Author, Nic Garnett, "Digital Rights Management, Missing Links in the Broadband Value Chain", Broadband Stakeholder Group, UK, available at www. broadbanduk. org/component/option, com_docman/task, doc_view/gid, 49/.

例如为教育目的提供免费访问。根据约翰·埃里克森（John Erickson）的观点，数字权利管理是在一个全是/全否的环境中操作的，而一个成功的数字权利管理解决方案关键在于制定清晰明确的复杂知识产权政策。这些政策可以被翻译成计算机代码，只要它们可以有具体不同的结果、既定的价值和事先确定的方式来表达。埃里克森还强调，对于任何允许或拒绝访问的软件来说，如果过于简单，都可能导致错误的决定：

> 只有那些能够可靠地简化到"是/否"选择的政策才能够成功地实现自动化。存在太多例外，或者基于不确定或外部条件的政策很难或者根本不可能实现与数字权利管理实现自动化。

虽然可能难以以如此细化的程度来绘制某些教育例外情况，但是只要博物馆自身的知识产权政策已经达到非常细化的程度，[1]那么一些针对教育或学术目的使用的访问要求是可以用计算机代码的形式加以实现的。[2]这可能也意味着，在获得访问权之前，尝试访问的使用者可能必须回答有关其访问目的的问题，且问题和答案已经自动出现在网上。使用

---

〔1〕 John Stephen Erickson, "Fair Use, DRM, and Trusted Computing", *Communications of the ACM*, vol. 46, 4 (2003), pp. 34−39.

〔2〕 戴维·格林为加拿大遗产信息网络所做的研究表明，部分博物馆，例如波士顿美术馆开始启用这样的应用程序。波士顿美术馆定制了符合其需求的应用程序。此外，德克萨斯大学的乔治亚·哈珀利用一个非常简单的问答工具开设了一套在线版权课程，该课程对决定是否访问构成合理使用内容提供指导。没有理由认为这一课程无助于在网络环境下获取相关内容，参见 http://copyright. lib. utexas. edu/。

者也许应当通过可靠的途径进入系统，例如通过被认可的网络协议的方式进入。最后，对于那些无法自动化的复杂情况，还可以通过人工干预的方式来决定是否准予访问。

就责任而言，尽职调查是关键。一些国内判例法表明，知识产权政策的制定发展和持续适用是博物馆进行适当的尽职调查的一项措施。[1] 鉴于这一结论，建立在详尽的知识产权政策基础上的自动化数字权利管理将有助于博物馆达到尽职调查所要求的标准，避免博物馆承担相关责任。

对于数字权利管理，消费者表现得更容易接受。苹果公司的 iPod 和 iTunes，以及视听内容订阅服务的成功，比如 Netflix，都表明只要消费者有机会和有能力接触、复制和传播受版权保护的作品，他们是愿意接受一些限制规定的。还有一个能证明这种转变的例子就是，商业模式也在变化和适应，使得消费者更愿意观看流媒体内容，而这些内容都被施以技术保护手段，无法直接下载。当然，区别在于如果消费者想访问这些流媒体内容，就必须忍受一定数量的在线广告。[2]

无论这些技术如何发展，很明显它们为消费者提供了机会，使他们为了个人娱乐、学习、研究甚至教育目的能够广泛地在线访问受版权保护的内容。因此，我们强烈建议博物馆应当继续进行监测工作，同时利用数字权利管理开展实验，将数字权利管理作为保障其在准入控制方面的职责得以履行

---

〔1〕　Rina Elster Pantalony, Amalyah Keshet, "To B2B or Not to Be. IP Ecommerce Management Services for Museums and Archives", *Spectra Magazine*, Museum Computer Network, Los Angeles, vol. 28, 3 (2001), pp. 36–39.

〔2〕　在美国，消费者能够免费在 www. hulu. com 上获得视听资源，这些视听资源中包含了广告。

的一个手段。正如帕梅拉·萨缪尔森前面所建议的那样，博物馆有必要参与进来，以保障在数字权利管理产品的发展过程中充分考虑到消费者的需求。

第六节　知识产权管理功能外部采购

一般来说，因人手短缺手头的工作忙不过来时，或者缺少所需要的专业知识时，博物馆倾向于从外部获得专业意见。的确，在 2000 年年初的网络浪潮到来之时，许多商业公司都寻找外部专家为他们进行知识产权管理，博物馆也应该考虑这些外部资源。[1]

由于本章中所述的管理过程与博物馆自身密切相关，需要大量的人员投入，特别是在清单编制和政策制定阶段，不可能将全部工作都外包。但是，这并不意味着博物馆不能根据需要引入特定的专业知识，或者集中内部职能。基于各个博物馆的经验、复杂程度及预算情况，博物馆的管理人员和专业人士可依个案的具体情况决定知识产权管理所需专业知识的范围。[2]

许多博物馆都没有设置内部法律顾问，其知识产权专业人员也大多是在负责管理工作的员工或者部门中成长和培育起来的。本指南并不是主张改变这种方式，实际上，本指南的目的在于帮助博物馆不断培养内部专业人员。但是，评估

---

〔1〕 Diane M. Zorich, *Developing Intellectual Property Policies: A How-to-Guide for Museums*, Canadian Heritage Information Network, Government of Canada, Ottawa, 2003.

〔2〕 戴维·格林在其研究中分析了博物馆影像许可的内包模式和外包模式。

和判断博物馆所面临的问题何时变得足够复杂且需要寻求外界专家的帮助，对于内部专业人员来说是非常重要的。

第七节　沟通策略和市场计划

任何一项事业要想取得成功，必须要进行有效的沟通，无论是在管理该事业的组织内部进行的沟通，还是与外界目标对象进行的沟通。我们一直建议文化遗产组织内部也应当就知识产权政策进行有效沟通和传达。这一要求对于良好商业机遇的发展同样适用。然而，每个文化遗产组织中的机会和文化将决定如何以及何时在内部传达这样的策略。

关于与目标对象和市场进行沟通的要求，就像泰特（Tate）在 Tate Online 网站的发展中所做的那样，市场战略（营销战略）是成功的关键。为了实现这一目的，文化遗产机构通常会大力发展媒体产品，或者投身于其他商业活动中，例如建立联合品牌关系，针对实地参观和网上参观的观众进行调查，针对焦点人群进行调查了解观众对新产品，特别是在媒体环境中开发的产品的反应。为了了解可能需要进一步开发或修改的方案要素，他们总是先在试验阶段或者测试阶段推出新方案。通过这种方式，他们可以控制观众的发展和反应。这一点对博物馆来说尤其重要，因为在商业背景下，观众对博物馆的整体感觉是博物馆最宝贵的财富之一。

虽然这一策略的发展早已超出了本书的阐述范围，但是世界知识产权组织可以在针对文化遗产机构开展的知识产权管理教育课程的开发中对这一问题进行进一步的研究。

第八节 环境审查和案例研究

为此，任何与知识产权相关的管理项目都应该考虑到博物馆已有的许可实践和已经建立的商业关系，这点非常重要。博物馆的环境和经验与营运文化下的预期都将深刻地影响到未来的商业关系和知识产权管理实践活动。下文是关于一些国家和某一地区的定性评价，以此来说明博物馆在知识产权管理方面具有的独特经验以及相互间的差异性，因为他们都取决于各自所处的文化环境以及各自所拥有的社会价值。

良好的知识产权管理实践来源于经验、对主题的适当发展、个案评估以及对健全而一致的政策与实践的实施。本书的目的在于提供一种帮助识别知识产权问题的工具，并且提供一些政策和实践发展过程中的关键点，来帮助博物馆有效管理知识产权。它绝不是在这个主题上用来指导文化遗产管理者的一个完美的工具。只有通过开发包含案例研究和许可范例模本，并能够答复常用问题的教育和培训模块，管理者才能够对本书所讨论问题的实际执行有充分的理解。本书的撰写是基于这样一种认识，即世界知识产权组织会开发和提供教育和培训的机会，帮助博物馆管理者了解更多有关知识产权管理方面的知识，以保证博物馆在完成其总体使命和任务的同时保持长期的财务稳定。

下文是根据本书第一部分最后一章的论述所做的关于知识产权管理最佳解决方案的执行摘要。

知识产权管理的案例研究

南非

南非的经验非常特别。博物馆当然都已经具有知识产权意识，而且这些机构也不会故意侵犯知识产权。同时，南非的博物馆更多是把自己当成知识产权的所有者、传播者和管理者，而较少认为自身是使用者，这在一定程度上是南非社会近年来发生的历史变革所导致的。南非的博物馆被认为是文化和政治真相的保管者。博物馆管理这些展品的专业人员认为，在确保随着种族隔离制度衰落发生的近期政治事件和现代社会政治历史被如实反映的过程中，他们扮演了重要角色。他们所关注的并不仅仅是能否提供接触其展品的渠道。相反，南非的博物馆和管理维护这些藏品的专业人士们所担心的是能否控制对展品的接触和使用，以防止南非历史被歪曲。

通常博物馆会采取双重方案，这是因为，尽管版权所有人的权利得到承认，博物馆也意识到自身具备的强势地位，通过投入大量的时间和金钱保存相关作品而拥有了巨大的影响力。

于是，因为博物馆拥有这个作品，博物馆可以控制获得该作品的途径，甚至违反原作者的意愿。其产生的效果是，即使是基于非常独特的原因并产生了独特的结果，南非博物馆在知识产权的管理方面都做得非常熟练。[1]

---

〔1〕　德斯蒙德·图图数字档案馆，国王数字咨询服务部，伦敦国王学院，2007 年 4 月，参见 www. digitalconsultancy. net。

以色列

以色列的经验〔1〕，特别是收藏现代艺术藏品的博物馆的经验，是以西方的管理、知识产权和许可观念，以及代表艺术家知识产权的主动积极的集体管理组织为基础的。因此，许可使用知识产权以实现博物馆的日常功能，以及与艺术品展览有关的各种新增的使用用途，都会花费大量的时间、精力以及金钱。

此外，在以色列，一座现代艺术博物馆所面临的侵权风险与北美的博物馆是相似的。因为，艺术家可能会因版权被侵犯而向博物馆提起诉讼，这会使得博物馆花费大量的诉讼费用、损害赔偿金并遭受名誉损失。因此，健全的知识产权管理是现代艺术博物馆的一项重要管理职能。

需要注意的是，尽管在管理现代艺术品时面临着风险和成本支出，但是以色列的博物馆仍然能够通过互联网创作和传播内容来实现其教育和公共服务的功能。〔2〕

权利管理职能通常由一名精通知识产权管理、出版和许可知识的领导或工作人员集中行使。例如一家名为耶路撒冷的以色列博物馆为了单纯的商业目的，成立了一家专事经营的下属公司，名为以色列博物馆制造有限公司，以博物馆的藏品为基础进行商业生产，并为博物馆创收。本书的第二章已经对这种商业模式，以及通过设立和管理附属机构的方式将商业功能从博物馆功能中分离出来的好处进行了论述。

---

〔1〕 作者采访艾玛莱西·克赛特，数字资源和版权管理部负责人，以色列博物馆，耶路撒冷，2007年4月，参见 www. imj. org. il。

〔2〕 参见 www. imj. org. il/eng/youth/index. html；www. imj. org. il/imagine/Hight-Light. asp；www. imj. org. il/shrine_center/Isaiah_Scrolling/index. html。

拉丁美洲

　　拉丁美洲国家[1]都有自己的知识产权法律，大部分都建立在本指南第二章所讨论的民法的基础上。法律是一直沿袭下来的，权利也通常归原始作者所有。例如在巴西和墨西哥，博物馆充分了解并严格遵守各自国家的知识产权法律。博物馆根据其规模和声望的不同，通常会在其机构内部投入一定程度的专业知识和人员来管理权利、复制费用以及承担与知识产权法相关的各种责任。在一些机构里，这些职能是集中行使的，谈判职能特别是国际谈判，通常由高级管理层负责。

　　尽管如此，正如与巴西的博物馆合作所证实的那样[2]，似乎有一种务实的风险评估和管理方法。如果法律规定禁止他们进行文化遗产信息的管理和展览，博物馆的专业管理人员就会寻求创造性的解决方法，并通过调解和协商来解决潜在的风险，而不是把风险当作完成工作的障碍。风险评估和降低风险的行为会影响巴西的博物馆管理知识产权的方式，并因此形成另一种源于不同文化和社会特性的独特的知识产权管理经验。

---

　　[1]　霍华德·贝瑟博士参与过和墨西哥的博物馆之间关于展览、制作、发行协议的谈判，本文以其在这次谈判过程中的经历以及2007年4月对霍华德·贝瑟博士的访谈为基础，访谈中博士提及其在与巴西档案馆合作时的工作经历。霍华德·贝瑟博士是纽约大学蒂施艺术学院电影研究部移动图像和存档保存项目的主任。

　　[2]　纽约大学蒂施艺术学院电影研究部移动图像和存档保存项目的主任霍华德·贝瑟博士访谈录，2007年4月。

第九节 最佳解决方案建议——小结

知识产权清单或审计

（1）知识产权清单或审计应当根据藏品的总目录进行规划，并将审计结果纳入藏品管理系统。

（2）知识产权清单或审计应当分为两类：一类是博物馆自身固有的资产，另一类是与机构藏品有关的知识产权利益。

（3）知识产权审计或清单应当根据管理层的决定开始进行。简而言之就是"不要等到导火索被引燃"。

（4）清单编制工作应当根据经验和责任进行实质性的分配，由一到两人负责最后成品的交付。信息不应过于集中，除非博物馆的功能本身就是高度集中在一起的。

（5）对包含与藏品权利相关信息的任何文档都应当进行尽可能详尽的分析。因为那些明确理解和说明相关权益的所谓提供确凿证据的协议或许也许是不存在的。

（6）根据需要和专业来确定博物馆所需的最重要的信息类型，并确保始终为每一个被确定和编目的知识产权利益提供相同信息。

（7）以前的协议中规定的使用限制，或者与权利所有人相关的特殊敏感事件都应当记录在知识产权清单中。

（8）对未来的复制或传播可能产生影响的知识产权附属权利应当记录在清单中。

知识产权政策的发展和传播

（1）提前规划合适的时间来制定一项知识产权政策，并保证管理层具有自主能力。

（2）负责制定知识产权政策的人应当与执行管理者作为一个团队一起工作，并吸引机构内负责知识产权管理各个环节工作的实施并因此已经投身于整个流程的人员的参与。

（3）律师虽然很重要，但不应当参与政策的起草，而只能对政策进行审阅，这样他们才能辨识出政策实施后的潜在法律风险。

（4）政策应当与审计和清算流程以及目前的商业实践相结合，并应当符合机构的总体目标。

（5）政策应当包含一项说明，以反映所涉及的藏品类型产生的文化敏感性。

（6）政策一经制定完成，就应当持续定期对其进行回顾审查，并在员工中进行定期宣传，只有这样，政策才能真正发挥效力，成为机构内部用于指导决策流程的文件。

许可策略

（1）博物馆在参与商业许可时，应当制定一套带路线图的许可政策，包括许可的对象、目标和收入来源。

（2）就像第二章中论述的，博物馆应当选择替代性争端解决机制来解决许可争端，包括调解、仲裁和专家调解服务，例如国际博物馆协会和世界知识产权组织的艺术和文化遗产调解项目，也包括双方写在合同中的替代性争端解决方案的条款。

数字版权管理

博物馆应当开展关于数字权利管理的讨论及相关试验，以便通过技术方法的开发来满足其独特的控制访问的需求。

知识产权管理功能外部采购

博物馆应当保持在管理职能方面的投入，并持续关注所有的活动，不论这一职能是属于博物馆的内部管理，还是作为一项服务通过合同外包完成的。至于是否基于需求聘用专业人员这一问题，应当具体问题具体分析，这主要取决于博物馆现有专业人员的情况以及博物馆的具体需求。

市场计划

博物馆为了商业经营的发展管理其知识产权时，应当将研究和了解观众作为一项重要工作。由于完整性对于保护与博物馆相关的品牌的重要性，应当雇用具有良好沟通能力的专业人员完成这一工作。

环境审核

博物馆在制定知识产权管理计划时，应当考虑到本馆过去的制度实践、文化和社会规范以及价值。

第二部分　◀ PART2

商业机遇

　　全球化的数字环境为博物馆创造了令人兴奋的新机遇。在过去的十年中，新的商业模式得到开发，以利用互联网和数字技术为社会提供的在线信息和观念交流、货物和服务交换方面的新的市场潜力。虽然博物馆本身是非营利性的，但是为什么他们需要意识到并尽可能地参与这些新市场呢？我们需要一些令人信服的理由。下面一章就将针对这些理由进行讨论。

第五章

"体验经济"

第一节 体验经济的定义

在整个 19 世纪和 20 世纪相当长的时间里，世界经济在很大程度上取决于有形资产的生产，例如制造可以重复消费的产品。从 20 世纪中叶起，工业经济开始从制造业向服务业转变。到 20 世纪末，发达国家开始将产品和服务结合，向消费者提供"一揽子交易"或者一条龙服务。汤姆·凯利（Tom Kelly）将这一转变称为"体验经济"的发展[1]。这种经济形态很大程度上是以服务产品为导向的，重视消费者在整个事件和环境中的参与感，并在消费过程中对产品的品牌有明确的感知。这正是品牌、市场、商标和广告的目的，消费者所消费的商品不仅具有实用价值，还能够传递消费者本人的审美情趣。在这种经济形态下，消费者愿意为产品和服务支付费用，向他人展现他们的消费品位。

体验经济并不局限于有形经济形式，在消费者通过互联网进行新体验的数字环境下也有其市场。Myspace.com 的出

[1] Tom Kelly, *The Art of Innovation*, Doubleday Press, New York, 2002.

现就是互联网时代体验经济现象的一个实例，Myspace. com 一开始出现时仅是一个虚拟的交流互动空间，没有任何营利动机。参与者创建个人文档，发表个人的喜好和厌恶，并将自己的观点进行传播或发表。通过这个网站，用户可以交友、进行职业沟通、分享个人兴趣。Myspace. com 成为一个巨大的全球社会现象，并拥有百万使用者。其为用户提供了一个在文字、图像、音频和视频资料构建的世界中互动的社交体验。Myspace. com 的使用者群体发展异常迅猛，并最终被新闻集团以 5. 8 亿美元收购。新闻集团计划上线一个音乐服务，使其成员能够销售下载音乐服务。[1]

　　游戏产业为消费者提供的体验也是一个例子。游戏本身可以通过购买获得，但是最具创新性的体验是通过在线环境免费使用而获得的。参与者经过注册后建立他们的个人档案和游戏人物。他们可以在游戏中获得虚拟收入，有报告称，随着虚拟体验的不断发展，参与者可以使用真实存在的货币来购买仅存在于在线游戏环境中的虚拟物品和服务。作为参与游戏的回报，参与者需要向游戏开发者反馈他们在游戏功能方面的体验。因此，在线游戏成为一个在线测试场，基于易货经济，创造了新发明或者新软件的发明家通过给参与者

---

　　[1]　BBC News, "News Corp in ＄580m Internet Buy", British Broadcasting Corporation, 17 July 2005, available at www. newsvote. bbc. co. uk/mpapps/pagetools/print; newsbbc. col. uk/2/hi/business/4694395. stm. See also Associated Press, "My-Space to Enable Members to Sell Music," BostonHerald. com, 2 September 2006, a-vailable at http://business. bostonherald. com/technologyNews/view. bg? articleeeid = 155642&format = text.

提供免费试用的机会，得以让产品在正式投入市场前进行测试。[1]

第二节　博物馆在体验经济中的角色

博物馆向观众提供参观体验的想法并不新颖。斯蒂芬·威尔在其《让博物馆更重要》一书中提出，现代博物馆的功能除了传统博物馆保管、展览和研究藏品的职责之外，已经扩展到了很多新的方面。受《纽约时报》作家保罗·格里夫斯（Paul Griffith）的影响，威尔认为现代博物馆还应当教育民众、娱乐大众，并向民众提供一种体验。[2]关于如何向观众提供博物馆的体验，威尔表明：

纪念史密森学会150周年巡回展上展示了数百件多元化展品，负责展品摆放安排的组织者有意识地试图引出三种不同的回应——史密森展的参观者被要求做的事情都是非常个性化的。展览会希望观众能去记住、去发现，并最终去想象。[3]

美国国家科学院下设的美国国家研究理事会发布的一项研究成果表明，社会的发明创新需要先前的知识和历史经验、需

---

〔1〕 As stated during a presentation at Massachusetts Institute of Technology by Henry Jenkins and David Edery, entitled "The New Economics of Gaming: Everything is Miscellaneous", 24 January 2006, at The Economics of Open Content Symposium, MIT 23-24 January 2006, available at http://forum. wgbh. org/wgbh/forum. php? lecture_id =3028.

〔2〕 同上。

〔3〕 同上。

要对创新实践的理解和将先前历史成果具象和再现的能力。[1]
鉴于博物馆是历史经验的宝库，因此可以说博物馆所持有的
内容在体验经济下对发明创新者具有重要价值。

此外，由于当今社会重视获取经验和传播经验上的经济
价值，博物馆及其藏品对社会的经济价值和重要性也越来越
显著。博物馆在学术研究和保管方面的作用在于提供过去社
会的已知经验。博物馆通过向创新者和发明者提供访问社会
过往的历史记录的机会，来激发他们创造新的事物。这一点
在博物馆通过新媒体和新技术与观众就藏品进行交流方面体
现得更加明显。

对于这一扩展的职责及现状，作为回应，博物馆别无选
择，只能投身于体验经济中，努力扮演好自己的角色。基于
教育和学术研究的职能，只要他们保持他们的表现和质量标
准，他们就有义务参与其中。

第三节　权威内容商业化

说服企业与博物馆合作，在藏品保护和展览领域提供资
助已经不再是一件困难的事情。相反，受到商业利益的驱动，
企业都希望能够与博物馆合作以获得尽可能多的权威内容。
特别是在谷歌公司的产品和服务上，例如谷歌视频[2]、谷

---

〔1〕　National Research Council of the National Academies, *Beyond Productivity*: *Information Technology, Innovation and Creativity*, National Academies Press, Washington, D. C., 2003.

〔2〕　参见 www.google.com/press/pressrel/video_ nara.html。

歌艺术项目[1]和谷歌图书馆[2]等出现后，这一趋势就变得更加明显了。

与此相似，研究机构、档案馆和图书馆也正在被雅虎等开发虚拟信息存储的企业追逐以成为这些企业的合作伙伴，两者之间的合作关系被称为"开放内容联盟"。[3]反过来，学术研究机构也可以利用与私营企业合作的数字化倡议开发的内容，来创建大众可访问的数字博物馆，例如 HathiTrust 数字图书馆。[4]

因此，拥有独特稀缺藏品资源的文化遗产组织，由于其丰富的藏品内容，所提供的内容的完整性及权威性，以及其品牌所能够创造的商业价值而被商业利益团体竞相追随。因此，这些信息整合者通过从权威渠道获取的信息创造出了可观的经济价值，进而增加了博物馆进一步参与体验经济的

---

〔1〕　参见 www. googleartproject. com/。

〔2〕　参见 www. google. com/press/annc/books_ uclibrary. html。

〔3〕　开放内容联盟是雅虎公司和布鲁斯特·卡利（Brewster kahle）共同创立的非营利组织——"互联网档案馆"（Internet Archive）。20 世纪 90 年代中期，布鲁斯特·卡利试图对互联网上的内容进行记录，主要通过复制网页的屏幕截图来对其进行记录，但这是一项不可能完成的或者艰巨的任务。现在，互联网档案馆通过定制搜索引擎"回程机"（WayBack Machine）进行搜索，可以找到被其所有者认为在页面被替换和更新时已经消失的网页副本。尽管互联网档案馆本身的功能存在很多争议，但由于其作为开放内容联盟的化身，已被视为谷歌的替代方案，可以提供对权威数字化内容的访问。以上内容见网址：www. opencontentalliance. org/index. html。See also Tom Zeller Jr. , "Keeper of Expierd Web Pages is Sued Because Archive was Used in Another Suit", *New York Times*, New York Times Company, New York, 13 July 2005. See also Clifford Lynch, "Digital Collections, Digital Libraries and the Digitization of Cultural Heritage Information", *First Monday*: *Peer-Reviewed Journal on the Internet*, 2002, available at www. frstmonday. org/issues/issue7_5/lynch/index. html.

〔4〕　参见 www. hathitrust. org/digital_ library。

压力。

　　参与体验经济还有一些注意事项。由于消费者可能有所预期，博物馆为了避免失去在公众心目中的地位，有可能会迫使自己去采用商业企业使用的用户发展和信息交流战略。

　　此外，博物馆与企业在开发和传播在线内容方面的关系也经历了一个漫长而破碎的过程。在多年的发展历程中，有理解、有试验，也有过错误，最终非营利组织和营利组织之间能够互相理解对方的目标和需求，形成了平衡关系。史密森学会及其营利部门史密森商业公司就曾因为他们同意通过商业电影发行公司 Showtime〔该公司是哥伦比亚广播公司（CBS）的子公司〕发行史密森电影集而成为新闻焦点。这笔交易由于其独特性，以及史密森学会作为一家非营利的公共博物馆所允诺的基于收费的发行方式，引发了公众、政治家、电影制片人和文化遗产专家的强烈抗议。最终，交易没有能够完成，史密森学会还被要求在美国众议院分委员会前就公共藏品管理和公共基金使用问题接受质询。〔1〕

　　对于博物馆而言，关键在于他们要在其传统目标和观众期望及商业机会所带来的压力之间寻找一个平衡点。对商业机会的敏锐判断和对市场情况的了解也同样重要，这能确保博物馆的投资获得回报。

---

　　〔1〕　众议院小组建议将史密森学会的预算减去 2000 万美元，参见 www. npr. org/templates/story/story. php？storyId＝5402899。

第六章

博物馆的商业机遇

文化遗产机构获得成功的构成因素与商业界的成功因素未必相同。在营利导向的世界，为了确认一项商业机会是否能够获得成功，通常要对其进行一系列的测试或分析以确定其商业潜力。大部分时候，这些测试的结果会通过一份商业计划进行体现。商业计划的目的是为商业机会的实施提供合理性支撑。这是证明一项活动能够持续获得收益的一种方法。[1]与此相反，根据威尔的四要素测试理论，对于评估潜在商业机会的博物馆而言，良好的商业模式也应该证明所从事的活动或事业能够提高博物馆的整体质量，使其也成为一个"好"的博物馆。

如果一个博物馆的财务状况不稳定，可以采取一些措施尝试减轻这些财务压力。需要提醒每一个博物馆的是，应当对采取这些措施的成本进行衡量，不仅仅是财务成本，还包括执行与博物馆整体使命和任务有关的活动的成本。

从这个角度来看，文化遗产社区与商业模式的发展密切相关，这也是本章最具争议性的原因。要将创造利润和市场

---

〔1〕 Steven Silbiger, *The Ten-Day MBA*, *Revised Edition*, William Morrow & Company, New York, 1999.

能力的商业概念与非营利性博物馆的使命和任务和谐地结合在一起，确保文化遗产使命和任务得以实现，并创造出有品质的机构，这是非常困难的。[1]

本章将提供一个路线图，用于理解文化遗产内容的商业价值，以及它如何在商品生产、商业联合品牌关系的发展和内容的制作中发挥作用。在所有这些提及的活动中，博物馆的主要任务是进行商业分析，并进行威尔的四要素测试理论。在所有这些建议活动中，博物馆的总体目的是作为商业分析的一部分，并在威尔的四要素测试理论中得到体现和维护。不过，在开始这一讨论之前，还有几个事项需要先做进一步的说明，例如：

· 从非营利组织的视角对"投资回报"进行定义；

· 初始资本投资的需要；

· 对于做出从事商业发展决定的文化遗产组织，需要确定其背景环境和市场预期以及文化规范。

第一节　博物馆投资回报的定义

在我们开始对潜在的商业机会进行讨论之前，对何谓"投资回报"进行定义是非常重要的。如前所述，非营利组织不会将单纯的财务成功视为其整体运行和规划的成功。那么，判断成功的因素是什么呢？或者用商业术语来说，什么

---

〔1〕 Rina Elster Pantalony, "A Marriage of Convenience: Cultural Heritage Institutions and the Practice of Business Doctrine in the Development of Sustainable Business Models", Proceedings ICHIM 2003, Archives and Cultural Museum Informatics, Paris, Europe, 2003, pp. 5-7.

才是博物馆的投资回报呢？衡量一个推广文化遗产的活动的
投资回报，不能简单地看其获得的利益。事实上，如果博物
馆努力的唯一目标就是为了追求经济利益，那么博物馆可能
已经不再关注其总体使命和任务。

就像西蒙·坦纳（Simon Tanner）在 2004 年为梅隆基金
会所做的研究中指出的，驱动博物馆为文物和艺术品藏品的
数字影像提供授权和复制服务的因素如下（按重要性递减的
次序排列，最后三项重要性相同）：

①为公众和教育工作者服务；

②推广博物馆及其藏品；

③为出版者和其他商业使用者服务；

④为博物馆内部，或者博物馆之间的需求服务；

⑤收回服务成本；

⑥管理博物馆的藏品；

⑦保护博物馆的版权不受侵害。[1]

因此，原则上博物馆并不反对弥补提供服务产生的花销，
或者至少可以尝试这样做。但是，正如上述列表所示，其原
因远比单纯的获取金钱要复杂得多。博物馆怎样开展授权项
目、与谁合作、怎样履行其职能，这些问题都将在本章后半
部分进行讨论。

尽管如此，博物馆如果想要寻找一个商业合作伙伴，就
必须在投资回报方面提供一些有利的证据，这样才能够从商

---

〔1〕　Simon Tanner, King's Digital Consultancy Services, *Reproduction Charging Models & Rights Policy for Digital Images in American Art Museums*, Andrew W. Mellon Foundation, New York, 2004, pp. 17－18. King's Digital Consultancy Service can be found at www.kdcs.kcl.ac.uk/.

业角度体现出吸引力。因此，作为维护商业合作伙伴利益的手段，博物馆为了提高投资回报的整体收益，必须量化商业公司与公认的非营利机构开展业务可获得的收益。特别是当投资的财务回报一般，或者在很长一段时间内无法实现时，就更是如此。

第二节　初始资本投资的需求

　　任何博物馆都不可能在没有初期资本投入的情况下开展活动，只有拥有了初始资本的投入，才能先从博物馆的角度，然后从商业合作伙伴的角度对商业机会进行分析，从而了解财务支出、潜在收益以及所要开展的活动可能对博物馆的使命和任务产生的影响。一旦博物馆决定抓住这个机会，就需要分配资金来支付其启动费用。

　　虽然不是本书的主要内容，但在此处还是有必要说明，资金有可能来自私人资金，也可能来自公共资金，这要取决于各国国内法律和政策对政府、财税结构的相关规定。此外，在博物馆没有完成第一步工作，即进行分析和市场调查，以向预期的投资者证明具有潜在的投资回报可能之前，从商业角度来看，私人投资者是不会被这些机会吸引的。

第三节　文化和市场预期

　　在许多文化和市场领域，博物馆为了追求经济利益而进行运营的理念不是常态，而是例外，即使这些目标与长期项目的可持续性相关联。在某些社会中，博物馆利用其知识产权或者其他运营资源进行商业化经营的期望都是与文化和市场预期相悖的。毫无疑问，法国公众对卢浮宫与阿布扎比市之间价值13亿美元的"阿布扎比卢浮宫博物馆"许可交易项目议论纷纷，这些议论足以表明类似的商业活动对公众而言是极为敏感的。[1]当然，发达国家的博物馆在商业运营方面相对得心应手。但这并不是说世界上其他地区的博物馆都不太愿意接受这些实践方式。不过，我们还是建议，任何博物馆在为了获得商业收益而考虑采纳某种商业模式时，都应当充分考虑文化和市场的预期和敏感性问题。

第四节　文化遗产内容的商业价值：真实性、完整性和情境化

关于那些有权对内容进行情境化的机构所获得的机遇最具有前瞻性的论述大概出现在1994年，当时正是因特网发展初期。保罗·萨福（Paul Saffo）在《是情境化呀，笨蛋》一文中称，网络环境中最稀有、最有价值的不是信息内容本身或者发布信息的方法，而是将信息内容进行情境化。由于能够获得大量信息内容，消费者急需获得任何可以帮助他们将所累积的信息进行分类、集中和评估的手段或方法：

正是这种过多的信息量使得情境化变成了稀缺资源。消费者愿意为任何能够帮助他们筛选、分类和集中这些碎片信

---

〔1〕　Alan Riding, "The Louvre's Art: Priceless. The Louvre's Name: Expensive", *New York Times*, New York Times Company, New York, 7 March 2007, available at www. nytimes. com/2007/03/07/arts/design/07louv. html.

息从而满足其易变的媒体需求的东西支付可观的费用。未来既不属于提供信息渠道的人，也不属于信息提供者，而属于那些控制着过滤、搜索和感知工具的人——我们则正是依赖这些工具来浏览广阔的网络空间。[1]

博物馆可以将信息情境化。在保罗看来，博物馆的商业使命可能是在对大量的文化遗产内容进行筛选时提供意义构建工具。根据已知的最早研究，也就是受加拿大遗产信息网委托，在1997年进行的关于博物馆知识产权商业机会的研究：

文化机构进行财产许可的一项重要因素似乎是，许可部门的工作人员或者馆长可以向被许可人提供额外的知识。这些知识不仅对于被许可者寻找和选择财产以获得许可非常重要，而且对于将该财产作为内容来使用（特别是在出版和广播产业中）也具有重要意义。[2]

此外，研究还表明，文化遗产知识产权具有重要的附加价值，能够借助被许可者的信用度、准确度、认可度和整体素质来开发内容。研究指出了文化遗产知识产权之所以在某些市场领域能够有这种附加价值的几个原因，但是其中最重要的原因在于从博物馆处获取的信息增加了被使用的文物影

〔1〕 Paul Saffo, "It's the Context, Stupid", *Wired Magazine*, Issue 2. 03, Conde Nast Publications Inc. , New York, March 1994, available at www. wired. com/wired/archive/2. 03/context. html. See also Paul Saffo's website www. saffo. com/.

〔2〕 Canadian Heritage Information Network, *Like Light Through A Prism: Analyzing Commercial Markets for Cultural Heritage Content*, Government of Canada, 1999, p. 10.

像本身的价值。[1]

因此，博物馆在这些市场中所获得的商业机会并不取决于原始内容本身，而更取决于信息的完整性、权威性和情境化。博物馆所拥有的最有价值的知识产权可能正是其完整性、权威性和对信息进行情境化的能力。

第五节　文化遗产知识产权的市场和模式

本节的目的在于确定文化遗产知识产权的一些潜在的市场，以及每种市场使用或者出现的各种不同的商业模式。在这一背景下，主要针对以下被确定的市场进行讨论：

- 与博物馆或藏品相关的实体商品的生产和销售；
- 博物馆影像及影像许可；
- 博物馆的商标、商业伙伴联合品牌的发展；
- 博物馆对内容的制作和发布；
- 博物馆作为知识的可靠来源；
- 博物馆和社交媒体。

一、实体产品的生产和销售

正如第一章所述，现代经济中的消费者既希望沉浸于经验中，又希望亲身参与到体验活动中。在这种背景下，博物馆创作、生产、销售与他们提供的服务相关的商品，作为博物馆

---

[1] Canadian Heritage Information Network, *Like Light Through A Prism: Analyzing Commercial Markets for Cultural Heritage Content*, Government of Canada, 1999, p. 10.

公共服务和教育职能的延伸，许多博物馆都在为了获得经济收益而进行实体产品的创作、生产和销售工作。[1]

产品许可作为一项商业策略是非常成功的。在发达国家，产品的制造商主要依赖于其商号和商标的发展和品牌化，以此种方式作为累积声誉的手段，并提高其产品的销量。这在奢侈品行业的发展中非常明显，正如瑞士、法国、英国和意大利的奢侈品生产和销售，其商品的品牌往往享誉全球。与奢侈品市场有所不同，美国公司成功开发了喜爱平价品牌商品的大众市场。许多情况下，这些品牌会进行跨领域的销售，而不仅仅局限于最初生产的产品。例如，Ralph Lauren 和 Calvin Klein 生产和销售的产品领域横跨服装、家居用品、室内装饰产品和家具。可以说，那些母公司利用对消费者需求的了解，不仅开发了最初的产品，例如服装，同时还在其品牌商誉所覆盖的消费者所处的环境内创造一个全方位的体验，例如室内设计产品、家具和家居产品。

一般来说，推动这种商品制造和销售的有两种商业模式。第一种方式，也是较为传统的模式，有时候被称为"直接面向制造商"的许可。在这种模式下，设计者或者说理念或商业秘密的持有者将其理念和品牌名称许可给一个制造商进行产品的制造，然后通过制造商的销售网络对制造的产品进行销售。此种许可协议利用商标和合同法来确保许可人能够对商标和商号的再利用，或者从某种程度来说，对其设计的再利用保留一定程度的控制权。

---

[1] 举例来说，殖民地威廉斯堡博物馆制造或者销售威廉斯堡殖民地风格的产品，参见 www.colonialwilliamsburg.org。该博物馆非营利性机构及其介绍参见 www.williamsburgmarketplace.com/wcsstore/wmarket/html/about_us/our_story.htm。

大多数情况下，制造商会要求有一定程度的专有权，以保证他的各个分销商在一定地域范围内享有排他性。作为交换，许可人也会对产品的质量有所要求并享有一定控制权，并对销售网络享有否决权。为了能够生产和销售根据许可人的设计理念而制造的产品，并使用许可人的商标，制造商会按照生产和销售的产品的数量向许可人支付使用费。

第二种方式，虽然较少被采用，但却是在这一产业中新出现的商业模式，被称为"直接面向零售商"的许可。在这种方式下，许可人直接与零售商签订许可协议，然后由零售商通过其自有销售网络的制造商对产品进行生产。理念（即商业秘密、商标和商号）的持有者许可零售商使用其商标和商业秘密，并在零售商的折扣店和零售店进行专有销售。

一般来说，在确保产品获得成功方面，零售商承担着更多的风险，作为回报，零售商通常可以要求许可人授予其完全的专有权，不仅包括已经生产的特定产品，同时还涵盖未来的产品及产品生产线。零售商在一定范围内可以控制被选定的产品制造商，尽管这意味着许可人相对会丧失对产品制造商的一部分控制权，但可以通过零售商保证在其店铺陈列销售许可人的产品进行补偿。

最重要的是，在这种情况下，许可人会较少地参与产品的制造和销售过程，从而在参与和管理这些商业机会时投入的管理成本也相对较少。发达国家的许多百货公司和家具设计商店都只生产由特定设计师设计并带有其专属品牌的产品。产品要想在销售上大获全胜，既取决于零售商的品牌优势，也取决于许可人作为产品理念的开发者自身品牌的实力。一项定性研究显示，这一领域授权费的比例从5%到12%不等，主要由市场需求的强度、产品的吸引力以及商标状况决定。总体而言，该行业中成功的授权公司可以获得高达75%的利润率。[1]

二、对博物馆名称的认同是否能够转化为消费者对商业产品的认同？

虽然讨论许可产业本身是很安全的，但是真正的问题在于，博物馆是否成功地为其实体产品的生产和销售发放其商标、商誉和设计的许可。博物馆本身的成功是一回事，将博物馆的名称成功地用于一条产品生产线，并借此获得经济利益又是另外一回事。有趣的是，发达国家的博物馆和其他相关的非营利机构已经利用许可产业开发和销售产品，而这些产品因其权威性而具有独特的优势。要想获得成功，主要取决于以下三个方面：

①产品开发的完整性；

②产品与博物馆使命和职能的关联性；

③在吸引消费者注意方面对电子商务和新技术的使用。

伦敦的维多利亚和阿尔伯特博物馆以及弗吉尼亚威廉斯堡的 Colonial Williamsburg 博物馆通过制造和销售产品为他们的母博物馆创造收益已经有超过20年的历史。作为一个装饰艺术机构，维多利亚和阿尔伯特博物馆开发并销售的产品包括纺织品和家具，其中既包括直接复制其藏品的设计，也包

---

[1] 这在许可产业中获得普遍认可。为尽可能全面地审查、分析许可产业中每家公司的利润率，可见众多公司的网址、年度报告以及"时事通讯"例如"Do-ItYourself Retailing"或者"EPM Licensing Letter Sourcebook"。

括通过藏品获得灵感并据此重新设计的全新产品。Colonial Williamsburg 博物馆也在产品设计和许可事业方面获得了巨大的成功，他们的产品包括纺织品、陶瓷制品、绘画、家具以及其他室内设计产品。

上述两个博物馆产品的购买途径包括博物馆的实体商店、博物馆的网站和制造商的众多零售商店。[1]仔细观察他们提供的产品和他们的商业伙伴就能发现，两个博物馆采取的都是直接面向制造商的模式。他们的产品设计和最终成品，不论是复制品还是根据藏品进行的新设计，都与各自博物馆的装饰艺术紧密相关。这些博物馆之所以能够在文化遗产许可领域获得成功，关键在于他们通过博物馆的名称、标识、商标和设计的知识产权，使无论是"来源于"还是"受启发于"藏品的产品设计都具有完整性和权威性。

纽约现代艺术博物馆（以下简称 MoMA）也在进行商业产品的开发，这些产品都以博物馆收藏的设计藏品、其享誉世界的商标以及其在现代设计领域的权威地位为基础并受其启发。从 20 世纪中期开始的这些活动对 MoMA 来说并不新鲜，他们通过产品设计活动，参与到教育和宣传推广领域。从 1938 年到 1947 年，MoMA 与美国中西部著名的百货公司 Marshall Fields 合作举办了关于规模化产品设计的展览，通过

---

〔1〕 Canadian Heritage Information Network, *Like Light Through A Prism: Analyzing Commercial Markets for Cultural Heritage Content*, Government of Canada, 1999, p. 10, 另见 www. vandashop. com/。

展览介绍他们的设计，并确保美国公众可以利用到这些设计。[1]

最后，MoMA 的在线设计商店及其门户网站使得 MoMA 具有了接触国际消费者的基础，所得收入回到 MoMA，并成为 MoMA 保持项目发展的手段之一。[2]与此同时，MoMA 还对受众和消费者进行现代产品设计方面的教育。在 2006 年 9 月，MoMA 的门户网站在吸引用户方面被认为获得了巨大的成功。[3]

三、产品的开发和经营：来自博物馆藏品的启发

显然，不是所有的博物馆都拥有适用于产品开发和经营的知识产权。与许多其他项目类似，如果决定选择复制藏品中现有的内容，则需要通过威尔的四要素测试法对其质量进行考量。除了评估这一举措对目标的影响之外，博物馆还应确保其考虑从事的事业不会影响和削弱手工艺品的真实性和完整性，其学术背景、传统原住民所有者的敏感性以及博物馆自身的声誉和完整性。以上这些都会影响到博物馆内容市场的关键因素，以及潜在产品的独特性。此外，在对任何设

---

〔1〕　Terrence Riley and Edward Eigen，"Between the Museum and the Market-place：Selling Good Design"，*Studies in Modern Art No.* 4：*MoMA at Mid-Century*：*At Home and Abroad*，MoMA and Thames Hudson Press，New York，1994，pp. 150 - 180. See also Beatriz Colomina，"The Media House"，Assemblage，No. 27，*Tulane Papers*，*The Politics of Contemporary Architectural Discourse*（*August* 1995），MIT Press，Cambridge，pp. 55-66.

〔2〕　参见 www. momastore. org/。MoMA 网店主页声明："每一次光顾都是对现代艺术博物馆的支持"。

〔3〕　2006 年 9 月现代艺术博物馆主任格伦·洛维（Glen Lowery）至用户的一封信。

计或现有藏品中的手工艺品进行任何规模的复制前，博物馆当务之急是要先确定以下内容：

（1）产品所依赖的艺术品本身的知识产权状况：如果某一艺术品是受国内知识产权法保护的，那么对潜在产品进行复制和销售就必须获得这个艺术品的权利人的许可。这可能会减少博物馆的收益，或者如果原始权利人不同意，那么就不能对艺术品进行复制。

（2）与产品相关的法律和敏感的文化问题：如果艺术品与宗教相关或具有某些敏感的文化因素，那么在没有获得必要的同意之前，无论从博物馆管理者的角度还是从特定国家国内法的知识产权角度来说，对受争议的艺术品进行复制都是不明智的决定。

（3）对原艺术家（作者）的身份的认可或所涉及的艺术品（作品）的精神权利的承认的潜在需求，如果根据作者或艺术家居住并创作作品的某个国家国内法的规定，受争议的艺术品受精神权利的保护，那么以任何方式对艺术品进行修改，将艺术品与某个特定的作者或艺术家关联在一起，或者事实上忽略对艺术家的承认都有可能会侵犯精神权利，并将产生法律后果。[1]

上述问题会深刻地影响用于商业生产的产品的产生，并最终会因为潜在的许可费用而影响到商业机会的长期稳定性。正因如此，许多通过许可模式开发产品的博物馆，一旦其经营获得了一定的成功，都会借助其藏品不断进行新产品和生

---

[1]　根据特定国家的著作权法，精神权利是永久存在的，并在创作作品的作者或者艺术家死亡后由其继承人行使。

产线的开发。受藏品启发而开发出的新产品是现代产品，就是为了大量生产而创作出来的，因此不具有文化方面的敏感性。这些产品是由在世的艺术家和工匠委托制作的，因此博物馆对与产品相关的知识产权和利益具有更强的控制力和理解。最后，博物馆可以预先确定开发和销售产品所需的总体费用，并在按照时间计划推进项目发展方面具有更大的确定性。在某些国家，尽管生产线的扩大会产生税收方面的问题（开发与博物馆业务没有直接关系的商品会产生纳税问题）[1]，但是通过审慎仔细的计划和专业技能，这些担忧也是可以得到解决和控制的。

米丝蒂克港：海洋博物馆、国家地理、Sierra 俱乐部，甚至是太阳舞电影节基金会[2]都开发了自己的生产线，冠以他们自己机构的商标品牌，有时还使用与其他商业伙伴联合开发的商标。他们的产品都与各自作为非营利组织的使命和任务相关，主要目的是为了教育受众，并最终对消费者进行教育。这些机构都主动通过因特网吸引观众的注意并销售产品，有一些机构也会通过他们制造商的零售网络来销售其产品。

因此，与奢侈品领域相似，消费者寻求博物馆"受启发而开发"的商品，是因为这些商品源于教育和知识机构而获得"认可和保证"。博物馆对消费者关于其藏品和所收藏的

---

〔1〕 例如，在美国，如果某一产品与图书馆藏品没有任何关联，那么对这种产品的销售所得应征收高额税收。这就是所谓的无关商业收入税。

〔2〕 参见 www. mysticseaport. org/index. cfm? fuseaction = shop. home；http://shop. nationalgeographic. com/ngs/index. jsp? code = NG94000&source = NavSho pHome；www. sierraclub. org/store/；另见 www. sundance. org/store/。

艺术品的设计家及艺术家的宣传教育也同等重要。因此，只有在博物馆能够在履行其教育和公共服务使命时也能获得收益的情况下，这种以产品许可为代表的商业模式才能被认为是真正获得了成功。

四、交易的艺术：一切尽在掌握

为了确保博物馆的品质控制和产品完整性的需求受到尊重，哪些交易条款是必不可少的呢？以下几条应着重考虑：

（1）确保交易的成本结构，即产品设计的投资和协商确定的特许权使用费率，整合了运营的启动成本，并确保在估计的投资回报方面是保守的。换句话说，博物馆在预期方面应当保守一些，而不应期待立即获得财务回报。基于规划的产品、产品的市场、制造商及其经销网络的力度，还有消费者对博物馆权威性的认知等一系列因素，将财务回报期定位为三至五年比较合理。最重要的一点，是博物馆不应向任何私营合伙人和投资人承诺其投资的快速回报，即使投资回报是以提升受众意识的形式承诺的。

（2）确保博物馆保留产品开发的控制权。应当通过协商进行控制检查并保持平衡，以保证产品的质量符合博物馆所期望的完整性和真实性。如果许可交易将生产线的理念发展权交由制造商或零售商，例如在"直接面向零售商"模式中那样，博物馆则应当有能够控制产品或生产线的类型的手段，并最终保证产品的选择与博物馆的收藏及其他使命相符。

（3）在授予专有权时博物馆应当尽量慎重，除非对制造商的品质实力和零售分销渠道进行了全面的调查。特别是制造商是否适合获得专有权，应当按照逐个产品逐个审查的方式来确定。

（4）如果实力足够，博物馆可能希望通过协商要求制造商或零售商向其支付保证金，以帮助博物馆保证许可项目第一年的正常运行。

（5）保证博物馆有专业能力对这些商业机遇进行管理，并指派商业合作关系中的具体人员持续地参与许可协议的管理工作。商业交易需要连贯性和稳定性。博物馆的管理人员可能并不热衷于这种商业活动，并且很可能会对因处理与这些商业活动有关的问题花费时间而心生不满。他们最适合充当的角色应当是顾问，协助确定一个潜在方案是否与机构的使命和任务相符合，或者在一定程度上，决定一件产品是否适于进行复制和经营，他们不是商业经理，也不应被视为这种角色。

五、管理和专业知识

为了与威尔的四要素测试〔1〕理论保持一致，博物馆应当具有开展活动的能力。产品开发和许可本身并无不同。如果博物馆缺少进行评估和实施潜在的商业机会的专业经验和人才，那么它应当考虑向外部资源寻求帮助，或者如果经费允许，可以聘用专业人员在机构内部开展相关项目。此外，如果自身实力不足，博物馆可能希望与其他在藏品或职能方面与其相似的组织合作，以加强其权威性，或者以期在产品

---

〔1〕 参见第一章。

潜力方面加强其整体提供能力。[1]最后，基于不同国家关于税收和非营利管理方面的法律，博物馆可能希望创建一个独立于博物馆的商业实体来实施它的许可职能。[2]

第六节　博物馆的商业机会：影像许可使用

文化遗产知识产权最明显的类型就是藏品影像资料的版权。博物馆对于其藏品的影像资料享有知识产权（也就是版权）这一观点早已获得普遍的认同，至少在诸如加拿大、美国、英国和澳大利亚等普通法国家的情况如此。与此同时，由于互联网的发展，博物馆很快就意识到，将其影像用于广泛的商业和教育许可市场将带来可观的收益。这些经过学习和尝试并被认可的商业机会仍然是基于传统的付费使用的许可模式，向非营利教育机构和学术出版机构收取许可使用费。因此，预期中的收益机会并没有以任何显著的方式实现，因为教育类的许可并不多见。[3]

尽管如此，这种商业模式仍然值得我们进行研究，以理解和学习其发展历程。此外，网络上文化遗产影像的制作和销售不论从公共教育还是从公共服务的角度，仍然对博物馆具有重要价值。这种类型的内容可能还有一定的商业机会，

---

〔1〕 举例来说，在法国对已出版图书的复制和发行需要通过 Reunion des Musées Nationaux，RMN 开展，参见 www.rmn.fr/。通过适当的协调，成立类似 RMN 的区域性组织是可能的。

〔2〕 举例来说，普通法系国家的税法和公司法允许非营利性的母组织控制不同的企业实体。

〔3〕 See *Mellon Foundation Initiative*，ArtStor，available at www.artstor.org.

特别是在传统许可模式之外，且影像可以免费使用的时候。

尽管乍看起来博物馆对以影像许可为代表的商业机会抱有特殊的兴趣，但是博物馆拥有的电子影像的知识产权问题却给博物馆带来了一些难以逾越的重大障碍。版权法的复杂性之一就在于作品和权利都可能是多层的，因此即使只是简单地复制一个作品，或者复制一个作品的照片图像，就有可能需要获得多项许可。例如，对艺术品的电子影像需要进行多层次的权利分析：首先是艺术品本身，要确定其是否还有版权，如果有，权利归谁所有；其次，需要确定艺术品照片的保护状态，如果还有权利，确定权利人；最后，根据管辖权和国内版权法的解释，照片的电子影像可能也受版权保护，因此也需要进行类似的权利分析。在这些情况下，显而易见的是如果每一种情况都需要支付复制的费用，那么博物馆通过影像许可获得的收入很快就会减少。[1]

尽管如此，博物馆特别是发达国家的博物馆仍然针对其艺术品的照片收取许可使用费，不论该艺术品是否已经进入公有领域还是仍受版权法保护，收费标准依据使用人和使用类型上下浮动。在大多数情况下，除非法律另有规定，否则博物馆享有其艺术品照片的版权，即使艺术品本身已经进入公有领域。[2]

肯·哈马（Ken Hamma）在一篇研究博物馆对进入公有

---

〔1〕 See Emily Hudson and Andrew T. Kenyon, "Copyright and Cultural Institu-tions: Short Guidelines for Digitisation", *Melbourne Legal Studies Research Paper No.* 141, February 2006, available at http://ssrn.com/abstract=881700.

〔2〕 In the State of New York, the Federal Court determined that a photograph of a public domain art work was not copyright Protected. See Bridgeman Art Library, Ltd. v. Corel Corp., 36 F. Supp. 2d 191 (S. D. N. Y. 1999).

领域的影像享有版权保护的文章中表示：

　　……将这些视觉复制品置于公有领域，明确不再就这些复制品的使用和再使用的可能性问题进行质疑，应当不会对收藏机构的经济和声誉产生任何伤害，反而还有助于公共利益。[1]

　　近来在因特网上制作和传播内容相关的商业模式的发展，以及博物馆对自身使命和任务不断进行的自查，使得人们产生了这种感觉，即向公众提供博物馆的影像资料只是实现商业目的的一个手段，其本身并不是目的所在。确实，最近的一则新闻报道称维多利亚和阿尔伯特博物馆，宣布对于为了研究和学术目的对博物馆的影像资料进行的复制和发行，博物馆将不再收取任何费用，并宣称尽管他们每年通过学术类许可使用项目获得了大约 25 万美元的收益，但是与许可费相关的间接营业成本却使其利润大大减少。[2]报道中没有提及，但可以推测的是维多利亚和阿尔伯特博物馆决定免费提供受版权保护的影像是一种机智的商业策略，这样既可以扩大对这些影像资料的传播，又可以将重要的推广促销机会反馈给博物馆。

　　自 2001 年起，学术和教育机构的这种决策开始被记录在案，那时麻省理工学院对其知识产权开展了一次类似的清查，并允许其某些类型的学术内容可以在因特网上免费提供。虽

----

　　〔1〕　Kenneth Hamma, "Public Domain Art in an Age of Easier Mechanical Reproducibility", *D - Lib Magazine*, vol. 11, 11 (2005), available at www. dlib. org/dlib/november05/hamma/11hamma. html.

　　〔2〕　Martin Bailey, "V&A to Scrap Academic Reproduction Fees", *The Art Newspaper*, Umberto Allemandi Publishing, London, 30 November 2006.

然为公共利益做贡献、促进收藏机构教育使命和任务的实现是这些决策最初的出发点，但是也有观点认为，免费提供博物馆的影像资料本身，实际上也是一种很好的商业做法。

一、向历史学习

将文化遗产影像许可作为获得收入的手段或者营利机会已经有很长的历史。如前所述，加拿大遗产信息网在 1997 年就提出了文化遗产知识产权具有以下五个潜在市场：

①广告；

②广播；

③公司；

④多媒体；

⑤出版[1]。

关于将博物馆的内容许可给教育机构所能获得的潜在许可收入的议题已被明确排除在本次研究的范围之外，因为从加拿大遗产信息网的商业出发点来看，教育机构不能作为一个市场来对待，这是因为博物馆本身就是教育机构的一个组成部分。

1997 年加拿大遗产信息网的研究将文化遗产影像和视听资料认定为文化遗产的一种类型，并且是商业市场最感兴趣的知识产权内容，其兴趣点主要在于内容的完整性和情境化。研究进一步表明，广告和公司市场并不是内容驱动的市场，因此对于影像或片段的完整性或者附加价值需求较少。相反，

---

[1] Canadian Heritage Information Network, *Like Light Through A Prism: Analyzing Commercial Markets for Cultural Heritage Content*, Government of Canada, 1999, p. 10.

这些市场部门更在意的是影像的外观和感觉，或者视听片段的品质，以及最重要的是，影像或片断的来源人迅速应对客户需求，在短时间内解决图片商业使用版权障碍的能力。特别是广告和公司市场通常都会要求一个 24 小时的时间周期，在这一个周期内要完成从提出影像使用要求，到提供满足各种不同商业性使用需求的高清晰度格式的影像资料，并完成与大批量商业复制和发行相关的版权授权工作。这对博物馆进入这一市场构成了巨大的障碍。[1]

出版和广播市场最具前景、最为成熟，并已经成为博物馆行业的目标市场。这些市场是内容驱动型的市场，对他们来说内容的出处和完整性是最重要的附加值因素，而博物馆对内容具有实际的垄断地位。例如，在一部纪录片的制作过程中，必须获得第一手资料才足够可信，因此博物馆就成为证明电影中故事可靠性的途径。此外，由于出版和广播行业与博物馆合作已久，他们更希望在周转时间上迁就博物馆的需求，必要时，明确自己的权利以保证用于复制和发行的内容在版权方面不存在问题。因此，加拿大遗产信息网的研究只涉及了已众所周知并且已经趋于饱和的博物馆的影像和视听片段的许可市场。[2]

北美地区的文化遗产团体也尝试向高等教育机构进行艺术品影像的许可。艺术博物馆影像联盟（AMICO）1997 年成

〔1〕 Canadian Heritage Information Network, *Like Light Through A Prism*: *Analyzing Commercial Markets for Cultural Heritage Content*, Government of Canada, 1999, p. 10.

〔2〕 Canadian Heritage Information Network, *Like Light Through A Prism*: *Analyzing Commercial Markets for Cultural Heritage Content*, Government of Canada, 1999, p. 10.

立，2004 年关闭。该机构通过与其博物馆成员签订许可文件或者合同收集到了大量的具备各种分辨率且分辨率可控的影像资料，这样就可以通过虚拟图书馆的形式提供给高等教育机构的学者和学生使用。这个虚拟图书馆集合了北美地区艺术机构的影像资料，通过场地许可的方式授权全球范围内的众多学术机构使用。现代作品的基本权利则是通过与艺术家权利协会及其全球范围的关联成员签订一揽子许可协议的方式完成授权许可。

这种商业模式是存在一定问题的。艺术博物馆影像联盟的会员本身并没有获得许可费用，而博物馆作为艺术博物馆影像联盟的会员不仅需要支付会费，还要自行承担影像电子化的费用，包括为履行义务而交付内容所付出的时间成本。此外，作为目标市场，教育机构需要向艺术博物馆影像联盟支付许可费以使用艺术博物馆影像联盟的图书馆。考虑到博物馆本身就是非营利教育机构的组成部分，这种商业模式似乎是需要同属一个非营利组织的一个部门为另一个部门的工作提供资金支持。

尽管如此，通过使用新技术作为交付手段，艺术博物馆影像联盟为教育环境下的艺术品影像的使用提供了一种有组织的、集中化的方式。然而，很显然，这种商业模式并不是为提供任何直接投资回报或提供保持项目延续的手段而设计的。相反，它提供了一种方式，博物馆可以通过这种方式实现其教育使命和职责，理论上，这个方法会随着时间的推移变得更具成本效益。

2004 年，艺术博物馆影像联盟的会员决定解散该联盟，其资产由梅隆基金会的 ArtStor 行动机构收购并成为该行动的一部分，ArtStor 行动是迄今仍在继续运行的活动。[1]但是，艺术博物馆影像联盟、ArtStor 和其他类似的机构会一直与学术使用领域里更为传统的获取艺术品影像的方式进行竞争，这些传统做法通常都是学者个人为了学术目的在学术机构内的使用而进行的影像资料的收藏。[2]

二、为什么要讨论影像许可？

影像许可是博物馆必须要开展的一项活动。博物馆会持续向艺术和学术出版商以及广播组织进行影像许可，只要这些出版物的市场仍然存在。正如前文论述的那样，博物馆可能并不愿意就相关艺术品的影像的使用收取费用，但是，当有必要在一定程度上控制对内容进行复制和发行行为的时候，也许仍然需要将许可作为一种允许使用的凭证。西蒙·坦纳在其 2004 年为梅隆基金会所做的研究中称：

一个文化遗产机构不会为了获取利益而进行影像创作、授权和复制活动。这些服务之所以存在，是机构为了满足外部对出版和使用影像的需求而在机构内部进行影像创作和权利清算的结果。[3]

坦纳进一步总结说，当一个博物馆将其权利和复制功能统一集中管理，并采用合理的商业实践或聘请专业人员开展

---

〔1〕　See *Mellon Foundation Initiative*, Arstor, available at www. artstor. org.

〔2〕　David Green, *Using Digital Images in Teaching and Learning*: *Perspectives from Liberal Arts Institutions*, Academic Commons, 30 October 2006, available at www. academiccommons. org/imagereport.

〔3〕　See *Mellon Foundation Initiative*, ArtStor, available at www. artstor. org.

工作时，博物馆获得的收益也会稳步提升。[1]

就像加拿大遗产信息网的第一份市场调查报告中所指出的，市场行业感兴趣的是非情境化的内容，例如公司或者广告部门，而一般的博物馆还达不到这些行业部门所要求的市场运营标准。没有附加价值的文化遗产影像是不具备足够的吸引力从而吸引公众进行付费使用的。另外，如果博物馆向教育机构或者公众收取使用影像的费用，这种行为与博物馆的目的是相矛盾的，这也是斯蒂芬·威尔所提到的应当努力避免的一种冲突，因为这种冲突将妨碍博物馆成为一个有品质的博物馆。

因此，在制作文化遗产内容时，维持财务稳定的关键在于，使用影像并通过免费传播影像资料，来提高博物馆藏品以及博物馆自身的知名度。最后，博物馆的文物或者艺术品的影像是对博物馆作为一个教育机构所持有的整体信息的说明，并因此提高了博物馆作为一个机构的完整性和独特性，对博物馆来说，这是比从影像许可中获取收益更有价值的事情。

第七节　联合品牌：博物馆、商标和商业机会

正如本章已经提过的那样，坦纳在他 2004 年的研究中建议，博物馆进行影像许可的主要原因应当是为公众服务和为教育目的提供影像，从而宣传博物馆及其藏品。根据坦纳的研究，博物馆在从事影像许可项目上获得的成功，不仅在于

---

〔1〕 See *Mellon Foundation Initiative*, ArtStor, available at www. artstor. org.

获得经济利益，更在于许可交易的数量。事实确实如此，因为博物馆的首要目的是宣传和推广其藏品，而许可交易数量越大则意味着博物馆露面和被宣传的次数越多。[1]

因此，对所有类型的使用和使用者都继续适用许可模式看起来与博物馆开展许可项目的主要目的是相冲突的，这些目的包括公共服务、教育和对博物馆的宣传。许可模式，特别是那些以收费为基础的许可模式，对博物馆影像的使用设置了障碍，除非同意许可的条款和规定并且支付费用，否则无法获得高清晰度的影像资料。所以，实现博物馆和藏品的公共服务及宣传职能的最佳方式，就是让公众能够自由免费地使用影像资料。更重要的是，根据加拿大遗产信息网和伦敦的泰特美术馆的经验，通过这些机构的网站向公众免费提供影像资料不仅是吸引观众的最佳方式，同时也会为他们带来商业合作伙伴。

一、联合品牌合作的定义

作为访问和使用的工具，因特网为藏品的所有人提供了测试新型商业模式的机会。在网络环境中，广告和宣传变成了一种复杂的商业模式。联合品牌经营模式开始出现并居于领先地位。如果内容本身很有趣，定位准确，并且利用现有技术通过流行的搜索引擎就能很容易地找到，公众就会将这个内容寻找出来并多次访问它。反过来，广告商和宣传者也可以通过这些网站找到目标观众。随着时间的推移，合作双方将会因其名称一直"一起出现"而受益，而这种持续性的

---

〔1〕 See *Mellon Foundation Initiative*, ArtStor, available at www. artstor. org.

合作关系，如果健康且管理良好，会因合作双方的联合知名度的提升，给合作双方带来新的商业机会。

加拿大遗产信息网已经在证明博物馆内容的受欢迎程度方面取得了巨大的成功。2001 年，他们建立了加拿大虚拟博物馆，这是一个由加拿大遗产部、加拿大的博物馆和许多独立国际合伙人合作创建的一个网上虚拟展览，其在线访问观众量以百万的数量增加。观众可以在网上免费访问和使用加拿大虚拟博物馆的内容，该网站的使用规则要求不得为了商业目的对虚拟博物馆的内容进行复制和发行。加拿大虚拟博物馆及其合作伙伴加拿大遗产信息网面向大众免费开放的结果是他们在国际上获得了巨大的知名度和声誉。毫无疑问，互联网上的博物馆内容可以吸引大量的观众。[1]

网络联合品牌所具备的潜在的知名度和流行度应当并且已经得到知名博物馆的重视和使用。从 2001 年到 2009 年，伦敦的泰特美术馆在通过其网站和在线数据库向公众提供藏品影像（大部分是免费的）方面获得了巨大的成功。在那段时间里，泰特美术馆在吸引在线观众并对其身份信息进行追踪方面积累了大量经验。有趣的是，泰特美术馆在线观众的构成偏向于年龄偏大、经济条件富裕、对一定类型的文化事件和经验更感兴趣的人群。泰特博物馆通过月度网络趋势报告，从年龄、品味、兴趣等方面对其观众进行追踪。作为回报，泰特博物馆可以将这些信息分享给那些希望接触拥有显著消费实力的特定观众的商业合作伙伴。

从 2001 年到 2009 年，泰特博物馆能够从其网络形象以

---

〔1〕 参见 www.virtualmuseum.ca。

及各种计划和项目中获得收益，是因为他们吸引了来自电信行业的强大的合作伙伴——英国电信公司（以下简称 BT），而 BT 希望能够分享泰特博物馆在线业务累积的知名度和观众群，以及泰特博物馆具备的好名声。众所周知，BT 从现代意义上来说是一个非常重要的商业合作伙伴，与传统的赞助者有着很大的差别。BT 支持了泰特博物馆的许多在线活动，在泰特博物馆向公众提供在线访问服务时提供必要的资金支持，帮助泰特博物馆实现其教育和公众服务的职能。作为回报，BT 作为泰特博物馆最主要的投资人之一，了解了文化遗产内容的受欢迎程度，并通过泰特博物馆的网站得到了重要的宣传机会。尽管丰富的在线影像资源并非泰特博物馆获得成功的唯一理由，但是这些在线影像资料为泰特博物馆在网络上获得巨大访问量做出了可观的贡献。

有必要指出的一点是，泰特博物馆并没有因为开展这些活动而忘记了它是谁以及该做什么——它是一家非营利性的博物馆。泰特博物馆的在线展览一直与其实体博物馆保持一定关联性，并为实体博物馆提供经验支持。伴随着这一成功，泰特博物馆在线展览实现了其自身权利，除了其他功能外，它成为观众在参观实体博物馆之前做相应准备的一个渠道，或者当观众无法亲自到泰特博物馆进行参观时的一种替代性渠道。

通过传统许可模式并配以在线销售工具，泰特博物馆仍在继续向出版商和商业终端用户发放许可，授权复制和发行其影像资料，以获取适当的投资回报[1]，与此同时也向公

---

〔1〕 参见 http://tate-images.com/。

众免费提供其虚拟展览，并为非商业、教育和个人使用免费提供学习资源。最终的结果是泰特博物馆通过向公众免费提供在线访问和使用其影像资料的方式，为其藏品和博物馆自身做了宣传，并因此提高了传统许可的收入和观众的参观量。

泰特博物馆数字媒体部的主任杰迈玛·雷利（Jemima Rellie）在 2006 年的一次有关本指南第 1 版的采访中曾说过，BT 是一个真正的商业合作伙伴，他们不仅关心对其自身的宣传和推广，同时也对充满活力的文化遗产的发展很感兴趣。多年来 BT 与泰特博物馆保持了良好的合作关系，是因为他们深刻地了解一个文化遗产合作伙伴在开发特定观众（客户）方面的巨大潜力。

在寻找联合品牌合作伙伴的时候，需要注意以下问题：

（1）与这样的公司建立联合品牌关系应当可以获得收益，相关合作公司不仅能提供维持和提高博物馆藏品在线关注度所需要的资金支持，还能提供加强博物馆在线业务的专有技术。

（2）充分了解博物馆商标和商号的内涵及其代表的信誉，使用符合博物馆信誉的手段建立受众群，寻求并允许商业机构通过合作来发现共同机会，以促进彼此的知识产权发展。

（3）确保博物馆的信誉得到足够保护，不会因为与商业伙伴的任何潜在的合作而被削弱。

（4）明确博物馆的信誉及有关其藏品的独特知识是博物馆最重要的资产。因此，对于博物馆而言最关键的是管理其商号和商标等知识产权的能力，这样才能保证一个整体的知识产权许可战略能够不断得到发展和实施。

112

（5）制定一个既能增强博物馆曝光度又能确保博物馆信誉的宣传推广战略。

第八节　文化遗产媒体产品和企业化内容产品

媒体行业，因其变得越来越多样化和专业化，被证明是博物馆一个有趣的潜在合作伙伴。基于现代社会学习和交流所采用的视觉方式，博物馆有潜力制造或者与他人联合制造具有情境化的产品，并根据市场需求确定其产品形式是视听格式、多媒体格式还是复合型格式的。本节将对这一潜在市场进行研究，了解相应的商业模式，并明确参与这一市场有可能带来的利益和风险。

除了品牌合作关系，即将公司或组织的名称放在一起使用以增加观众的关注之外，文化遗产内容本身，也就是博物馆内部开发的适合再次用于电影、广播或网络传播的馆藏内容，也带来了更令人感兴趣的商业机会。在北美和欧洲，博物馆作为内容的提供者与教育和纪录片电视项目合作由来已久，因而制作者、广播者和博物馆之间的这种合作关系并不新鲜。但是，随着学习环境的不断变化，广播和网络播放专业渠道的不断发展，可能会给博物馆带来新的、公认回报率更高的机会。

在内容发展的传统模式中，博物馆往往会被作为证明某部电影或纪录片中的故事真实性的工具，或者被作为构造电影故事所依据的主要内容的来源之一。博物馆通常不会获得任何报酬，即使有报酬也很低，往往只是因其投入而获得信誉。最终的结果往往是电影或广播的制作者从博物馆的声誉获益，而博物馆只获得有限的信誉。传统的博物馆参与电影制作的另一个例子是，某些博物馆因其特殊的地理位置而收到希望利用其场地进行电影拍摄的请求，并因此获得场地使用费和声誉。这也是一段时间里博物馆采用的一种许可方式，但是这种许可类型仅限于那些坐落于独特的地理位置的足够幸运的博物馆才能拥有。

现在，随着因特网在内容发行方面的大众化效应，博物馆也开始更多地参与媒体制作，并事实上成为内容的共同制作者。尤其是内容聚合作为一个商业模式，在 20 世纪 90 年代末和之后的千禧年的互联网热潮期间，并没有得到互联网公司的太多关注，但现在开始逐渐成熟。在电子商务时代，内容开发和销售的主要商业模式被认为应当是通过付费获得使用许可的模式，公众可以通过支付访问费或许可费来使用在线的文化产品。上述设想被证明不切实际，因为很多网站都在 2002 年前经历了这种模式的"失败"。[1]随着在线广告作为一种商业模式被广泛接受，以及终身学习理念的出现和小众广播的发展，文化内容聚合模式可能最终将找到它对应的市场。鉴于因特网、社交媒体网站（例如 YouTube）、小众广播和网播所提供的各种学习机会，现在可能是重新回到这一商业模式的最佳时机。

----

〔1〕 举例来说，随着电子商务时代的到来，很多教育和文化遗产实体都希望为在线内容开发电子商务平台。纽约现代艺术博物馆与泰特美术馆联合创办过一家以在线文化内容为营利点的联合企业，但该企业于 2001 年解散。纽约现代艺术博物馆希望独自继续开展这一项目，并开办了网站。古根海姆博物馆同样希望开展类似项目，见 Guggenheim.com。该馆在 2001 年开设了自己的网站，但这个网站不具备明显的商业模式。Fathom.com 是教育和图书馆群体中的多家机构联合开办的网站，包括大英博物馆和哥伦比亚大学。尽管他们开办了网站，但从未有他们获得商业成功的新闻报道。

终身学习的能力被认为是因特网为那些无法亲临学习场所或者文化场所的人提供的一个更为有趣的机会。当然了，电视节目也能在一定程度上达到这种效果，虽然互动效果要差一点。起初，博物馆寻找广播公司作为媒体开发和终身学习的长期合作伙伴。史密森学会就是通过其营利性分支机构史密森商业公司[1]长期从事媒体制作的生意。在与两个潜在的商业制作人接触时，加拿大遗产信息网对这些商业机会进行了认真的考虑。英国的泰特博物馆也是如此，在其网站的早期发展中，与英国广播公司（BBC）合作制作了在线内容，为泰特博物馆的门户网站补充了广播方面的内容。泰特博物馆的门户网站就被称为 Tate@ BBC。[2]可是，从那个时候开始，泰特博物馆就表示，要进行多元化发展，寻求与各种不同的多媒体伙伴的合作机会，而不仅仅局限于与一家公司合作。

国家地理频道[3]和 Showtime 电视网[4]作为北美的两个专业电视频道，都发行电影和视频产品。此外，史密森学会通过其营利性分支机构史密森商业公司推出了史密森频道，这是一个电视专业频道，播放以视频格式录制的联合策展内

〔1〕　参见 www. smithsonianstore. com/home. jsp，史密森学会的营利性机构被称为史密森企业。参见史密森学会组织结构图，载 www. si. edu/about/ budget/ 2004/51−Smithsonian%20Institution%20Organization%20Chart. xls。

〔2〕　Jemima Rellie, "Tate Online: Towards a Third Generation Museum Website", ICHIM 2003, Proceedings, Archives and Museum Informatics, Paris, Europe, September 2003, p. 9.

〔3〕　参见 www. ngdigitalmotion. com/ pages/ partners。

〔4〕　参见 www. sho. com/ sho/ about。

容，也可以在 iPad 和其他平板电脑上下载。[1]除了发行博物馆的视听产品进行电视节目和广播的制作之外，史密森频道还提供资源以制作与博物馆内容相关的播客和电子游戏。

YouTube 也为博物馆提供了一个非常难得的机会，可以以非常经济有效的方式将他们的馆藏内容联合起来。随着 YouTube 为博物馆开辟的独家频道的发展，博物馆可以在线发行其视频和电影产品，从而以极低的成本获得大量的观众。[2]

联合内容获得成功有几个关键因素。首先，任何制造和发行的机会都必须考虑博物馆的信誉和目的。其次，要确保博物馆和商业伙伴的商号实力都能获得保护。再次，向终端用户授予许可只能是第二选择，并且只能在特殊情况下才可以适用，而不能仅仅因为简单的欣赏就授权使用。允许终端用户通过支付费用获得许可可能是不适当的，而且的确甚至有可能损害商业利益。最后，从财务角度利用观众满意度并从这些内容中进行学习的最佳方式是将其内容整合（联合）起来，即通过多种渠道进行联合发行，并让这些资源的主办方支付联合文化内容的费用。内容的水平和兴趣加上博物馆及其商业伙伴的现有市场份额，将决定内容的持有者是否有兴趣来付费购买。

博物馆获得的开发其自有的内部产品，并在 YouTube 上发行或者在专业电视频道上播放的机会，都取决于博物馆对与其产品制作相关的权利事项的深刻理解。最重要的一点是，

─────────────

〔1〕 参见 www.smithsonianchannel.com/site/sn/ways-to-watch.do。

〔2〕 在 YouTube 上通过关键词 "museum channel" 进行检索表明，YouTube 开设的博物馆专用频道中有着成千上万的博物馆制作的电影和视频。

鉴于与媒体产品相关的复杂权利问题、与文化遗产内容相关的固有基本权利问题，以及为了从合同和知识产权责任各方面保护博物馆的利益，博物馆必须维持并管理其权利信息，如有必要，应当寻求专家协助对这种商业机会进行分析。

第九节　真实可靠的博物馆信息

作为创收的一个途径，经过认证的真实可靠的信息受到了越来越多的重视和倚杖，例如谷歌，这些新兴市场也为博物馆提供了很多商业机会。这些机会并不明显，需要具有一定的商业头脑和丰富的经验才能成功参与。由于这些商业机会属于高度实验性的机会，即使是精明老练的参与者也可能面临一定程度的风险和法律问题。同时，鉴于来自可靠和受尊重的来源的经过验证的内容逐渐被视为一种商品，如果我们不对可能提供给某些博物馆的商业机会进行检查，将是我们的失职。

具有良好声望的博物馆与类似于谷歌公司这样的"信息收割机"进行接触并同意建立合作关系通常出于两点考虑：第一，他们可以免费向公众提供信息，这与博物馆的教育和公众服务职能相符。第二，信息数字化的费用通常由"信息收割机"来承担。

正如保罗·萨福所说，情境化内容是最有价值的内容。当对内容进行情境化处理的时候，搜索引擎和信息整合器寻找最真实可靠的内容，以便他们以其研究能力和结果为目标的受众在依赖它时感到安全。博物馆，特别是那些保存着稀有藏品的博物馆，将成为谷歌和其他更加专业的信息公司的目标，他们竞相建立他们自己的搜索工具并对经过全世界认可的信息进行编目。但是，为了将这些内容进行编目以使任何人都可以进行搜索，就需要将内容本身进行数字化，也就是以数字形式对内容进行复制并以这种数字形式向整合者提供。结果是，这些整合者的预算相当客观，他们为内容的电子化支付了费用。

乍一看，由第三方支付费用将博物馆藏品数字化，博物馆可以以多种方式对数字化的信息进行利用，这一方法实现了博物馆的任务和使命，也为博物馆提供了一个可观的收益机会。但是，这种行为往往会出现重要的知识产权问题，只有对这一领域非常熟悉的专家才有能力保护博物馆的利益不受损害。长远来看，这种机会是要付出代价的。[1]

第十节 博物馆和社交媒体

在 2007 年本指南第 1 版出版的时候，诸如脸书、推特、照片分享网站等社交媒体还处于刚刚诞生的阶段。而现在，社交媒体不仅是因特网上巨大流量的分享者，而且为每个人，包括博物馆在内，提供了与粉丝、赞助人甚至公众进行即时对话的新渠道，打破了边界、地理位置和物理空间的限制。社交媒体所代表的不仅是用于实体博物馆创造的内容的一种新媒介，更是提供了与博物馆的观众和专家深入交流的机会，使他们的声音和观察为人所知，并因此创造出更多的机会，

---

〔1〕 尽管针对谷歌多样化的网络行动产生了不少的诉讼和关注，且针对网络档案馆的研究仍在进行中，但截至目前本研究对此不宜做过多评论。

对主题有更深刻的理解。这是迄今为止对博物馆的智力资产，即博物馆所创作的说明性内容进行利用的最好机会，同时，博物馆也深知其所持有的智力资产的价值，知道如何善加管理以获得最大的投资回报，就如本出版物中为非营利组织所定义的那样。

一、早期实践者的实验

2003 年，戴维·潘托洛尼（David Pantalony）作为历史科学仪器研究方面的访问学者，在达特茅斯大学与里奇·克雷默（Rich Kremer）教授共同开设了一门名为"研读文物：科学的物质文化"的课程，并在网上举办了一个名为"热还是不热"的展览。潘托洛尼上传了放置在达特茅斯大学的物理大楼里的历史科学文物的图片，目的是让达特茅斯大学的学生和其他不在达特茅斯大学的该领域的专家了解这些仪器的用途和历史。在线展览吸引了大量观众和社会评论，既有来自校园内部的，也有来自世界各地的电子邮件，在那个时候，电子邮件是与潘托洛尼的观众们进行动态交流的唯一途径。学生和专家们展开争论和评论，并热衷于确定网上展览所展出的科学文物的历史和用途。这个在线展览所获得的巨大成功，主要取决于博物馆的内容及其所具备的互动性和动态性。[1]

随着网上展览的成功，劳纳特殊藏品图书馆以其线上展览"热还是不热"为基础，在胡德博物馆的协助下在达特茅

---

〔1〕　采访戴维·潘托洛尼博士（Dr. David Pantalony），科学技术博物馆医学和科学馆馆长，加拿大，渥太华，2012 年 10 月 10 日。

斯大学里举办了一场线下展览。在展览中，展品被进行了分类，并正式成为博物馆藏品。展览由潘托洛尼主导，克雷默和潘托洛尼课上的学生都参与了展览，将实验变成了一次真正的社会和学术实践。[1]

多伦多的安大略科学中心很早就进行了社交媒体的尝试，他们在 2006 年推出一个试点项目，将一段科学和交流视频上传到了 YouTube。实验的主要设想是确定向 YouTube 上传视频是否能够吸引观众来线下参观，以及现有的和新的观众是否能够更深度地参与科学中心的活动。在那个时期，YouTube 的粉丝们正热衷于一项被称为"聚会"的线下见面活动。"聚会"的参与者是一群在 YouTube 上有相同爱好的粉丝们。安大略科学中心决定在 2008 年举办一次"聚会"，名称定为"888 多伦多'聚会'"，这在当时 YouTube 的历史上是规模最大的一次"聚会"。

"聚会"活动吸引了 130 名新观众来到安大略科学中心，其中既有本地观众，也有外国观众。根据统计，超过一半的观众不到 19 岁，25 岁以下的观众占到了三分之二。安大略科学中心为参加"聚会"的观众提供了制作视频的机会，当晚就有超过 1000 条视频上传，这些视频至今还能被搜索到。[2]

但是，问题仍然存在，就是这种尝试是否会导致某个观众实质性接触安大略科学中心的藏品和智力财产。举办"聚会"活动需要不少花费，但是这也确实帮助安大略科学中心了解了如何吸引年轻观众，以及使用新媒体特别是社交媒体

---

〔1〕 参见 www. dartmouth. edu/~news/releases/2003/march/030103d. html。

〔2〕 参见 www. youtube. com/888torontomeetup? gl=CA。

来吸引新鲜有活力的观众。因此，从其表面的价值来看，向YouTube上传视频的尝试是成功的。但是"聚会"作为一项独立的事件，考虑到付出的成本和最初的目的，即扩大观众数量和提高实质性的关注，并不像预想的那么成功。虽然"聚会"吸引了大量人群，但这更大程度上是一次社交活动。因此，安大略科学中心决定不再举办另一场"聚会"。随着时间流逝，"聚会"作为一种现象的热度慢慢消退，其他YouTube用户也得出了类似的结论。[1]

二、从早期经验中学习

安大略科学中心[2]从其早期的YouTube实验中吸取了经验，现在为19个独立的YouTube视频分享频道提供支持，分享他们制作的科学视频信息，以实现其教育和公共服务职能，这些频道受到了全球数百万人的关注。除了维护他们自己的官网和YouTube频道以外，安大略科学中心还活跃于脸书、推特和其他社交媒体平台，给人的印象是他们的实体业务和网络业务之间是相互依存的关系。不论从本质上还是从宣传推广的目的来说，社交媒体和网络业务与实体业务都是同等重要的。

安大略科学中心没有停止在社交媒体方面的尝试。2011

---

〔1〕 Kevin Von Appen, Kathy Nicholaichuk, Karen Hager, Ontario Science Centre, Canada, "WeTube: Getting Physical with a Virtual Community at the Ontario Science Centre", Archives & Museum Informatics: Museums and the Web 2009, available at www. museumsandtheweb. com/mw2009/papers/vonappen/vonappen. html.

〔2〕 采访凯文·冯·阿彭（Kevin Von Appen），安大略科学中心科学通信部主管，安娜·雷立雅（Anna Relyea），该馆战略传播中心主任，2012年11月6日。

年，他们举办了一次脸书的直播活动，针对实质性问题展开专家小组讨论，观众可以在线收听并且可以提问。从那以后，安大略科学中心在脸书上的粉丝数量翻了一番，这充分证明了社交媒体在推动大众使用科学中心的智力内容方面的积极作用。

尽管安大略科学中心的制作和参与水平要求较高且复杂，但是专用员工数量却十分有限，因此需要工作人员具备多种专长，特别是在不同的平台进行内容投放时。在社交媒体上的投入程度也需要有战略性和策略方面的规划（即使是在初创阶段），因为网络和在线内容制作的战略计划能够保证内容制作的效率，并确保进行必要的尽职调查和质量控制。

在知识产权管理方面，总的来说安大略科学中心对其自制内容和其拥有的由第三方制作的内容的权利状况有着清晰而深刻的了解。该中心寻求专家的专业意见作为保障，并将对其资产的知识产权状况的了解作为其履行尽职调查和质量控制的职责的工作。

加拿大科技博物馆〔1〕也以机构的身份使用了社交媒体，但同时也允许他们的管理人员和工作人员以个人身份代表博物馆使用社交媒体。博物馆的立场是希望工作人员通过使用社交媒体来吸引观众、赞助人和粉丝。其参与社交媒体的目的很多，就和安大略科学中心一样，但是由于他们鼓励其专业人员尝试和使用社交媒体作为与其他领域专家进行交流的工具，并同时吸引观众、进行公众服务和教育，博物馆的活

---

〔1〕 采访布莱恩·道森（Brian Dawson），加拿大科学技术博物馆信息服务部主任，2012 年 10 月 17 日。

动的普及范围显得更为广泛。[1]

这种模式需要博物馆内部具备大量的专业知识，来管理博物馆工作人员个人作为博物馆代表加入社交媒体时出现的各种行政、公司、法律和质量控制的问题。尽管如此，加拿大科技博物馆仍然认为，允许其专业人员使用社交媒体所带来的益处远远大于可能的风险。

在尽职调查的实践方面，加拿大科技博物馆制定了他们自己的《社交媒体政策及指南》，具体内容请参见附录。

第十一节 新兴商业模式

最近有报告提到，在一些原始资本投资不能满足新的商业模式需求以及服务社区成为最重要的需求的地区，出现了新颖有趣的商业模式。例如，据报道，在印度和东亚国家，有几个学术机构为学生提供免费学习机会，要求他们回馈其所在的社区提供教育培训的学术机构。实际上，这种知识交换是在学生、学术机构以及他们所工作和学习的社区之间的一种物物交换。虽然很少见到书面的许可协议，但是以知识换服务的形式还是说明，不论学生如何利用自己所学的知识、自己的发明和创造，都应当以某种方式进行再投资，以改善她或他工作的社区。我们希望，这种再投资随着时间的推移可以提高社区自身的能力，改善社区，并创造一种能够培育

---

〔1〕 例如，戴维·潘托洛尼博士，医学和科学馆长开设了专业的脸书、推特和微博（中国的微博类似于推特）账号。

本地原生资本投资的环境。[1]实际上，物物交换的体系使得学术机构和社区能够获得许可以使用学生的知识、发明和创造。与此同时，在学生没有把相应知识产权转让给学术机构的情况下，学生仍然有权继续自由地使用他自己的发明和创造。那些已经与学术机构建立联系的博物馆，或者自己本身就作为教育机构运作的博物馆也可以为学生提供类似的机会。

在其他新兴市场中，学术机构例如南非的西开普大学，利用基于非专有软件方面的技术开展信息技术服务。西开普大学对知识产权的普遍态度是认识到利益的非专有性，对学校开发出来的技术的知识产权利益进行管理，通常是基于知识共享许可协议，战略性地利用这些利益来推进其在教育方面的使命并促进对内容的访问。因此，虽然他们不对软件进行许可使用，但是定制了免费软件和开放源代码的应用程序，从而大大降低了开发新软件应用程序的开销。[2]

第十二节　小结

博物馆有很多机会，通过与其使命和任务保持一致的方式使用其商誉、真实性、独特性和学术内容，并获得投资方面的回报。但是要时刻记住，机构的目标是不容妥协的。此外，为了保护投资回报和博物馆的长期利益，必须有相当程度的专业知识。同时，投资回报不能简单地理解为净利润。

---

〔1〕　采访西蒙·坦纳，国王数字咨询服务部主管，伦敦国王学院，2007年3月，参见 www.digitalconsultancy.net。
〔2〕　同上。

博物馆不是营利性企业，因此投资回报需要结合博物馆的使命和任务等多项因素进行综合考量。

本章讨论的许多商业模式都需要进行一定程度的尽职调查，以保证基本的知识产权和博物馆拥有的其他权利不受损害。这不是一项简单的工作。在此我们提倡，博物馆只有实施采用了数字权利管理方法的知识产权管理机制，才有可能达到保障内容安全、保护自己商业品牌和身份的标准要求。

最后，正如新兴市场和发展中国家的经验所证明的，商品和服务可以以知识交换的方式进行交易，并同时确保社区也能从中受益。博物馆可以试验这种新模式，尝试提供对内容的访问，并同时承认和尊重与之相关的知识产权。

总之，非营利组织在知识产权管理方面可用的资源存在明显差距，特别是在没有资金支持的情况下，要想获取战略性管理知识产权所需的知识和智慧是很难的。世界知识产权组织等组织可以在协助博物馆开发基于知识产权的商业模式方面发挥关键的领导和教育作用，以保持其完整性和发展的长期可持续性。

然而，很明显，即使是从利润为导向的公司所从事的工作类型来看，这种"一刀切"的商业模式也是行不通的，特别是考虑到发达国家和发展中国家在经济上还存在着数字鸿沟。相反，对于某个项目或某项服务，如果专门从事此项工作的专家能够根据个案的实际情况逐一评估每一次机会，将极大地增强对知识产权制度的尊重，并对知识产权的所有者和使用者进行教育。（世界知识产权组织作为一个组织的完整性及其利用关于知识产权的大量的知识财富的能力只能在这方面提供帮助。）只有通过这些方式，世界知识产权组织才能够确保博物馆作为社会巨大知识财富的解说者、保管者和传播者解决其面临的问题。

第七章

网络资源

除了参考文献和附录以外，我们还列出了如下一些网站和出版物，这些网站和出版物提供了博物馆在拥有和管理知识产权方面的其他信息。

第一节　持有和管理知识产权信息的组织

美国博物馆协会

（American Association of Museums）

www. aam-us. org

美国律师协会

（American Law Institute-American Bar Association）

www. ali-aba. org/

美国图书馆协会

（American Library Association）

www. ala. org

学术研究型图书馆协会

（Association for Research Libraries）

www. arl. org

国际文学艺术联合会

(Association litteraire et artistique internationale)

www. alai. org/index-a. php

网络信息联盟

(Coalition for Networked Information)

www. cni. org

知识共享

(Creative Commons)

www. creativecommons. org

欧洲图书馆、信息和文献局

(European Bureau of Library, Information and Documenta-tion)

www. eblida. org

国际图书馆协会和机构联合会

(International Confederation of Library Associations and In-stitutions)

www. ifla. org/

国际作家作曲家协会联合会

(International Confederation of Societies of Authors and Com-posers)

www. cisac. org/web/content. nsf/Builder? ReadForm

国际博物馆协会

（International Council of Museums）

www. icom. org

博物馆计算机网络

（Museum Computer Network）

www. mcn. edu

南非出版商协会

（Publishers Association of South Africa）

www. publishsa. co. za/copyright. htm

伯克曼互联网与社会中心

（The Berkman Center for Internet & Society）

http://cyber. law. harvard. edu/

加拿大文化遗产信息网

（The Canadian Heritage Information Network）

www. chin. gc. ca

世界知识产权组织

（World Intellectual Property Organization）

www. wipo. int

第二节　关于数字信息、保存和
知识产权的网络期刊

数字图书馆杂志
（D-Lib Magazine）
www. dlib. org/

数字信息杂志
（JoDI，Journal of Digital Information）
http：//journals. tdl. org/jodi/index. php/jodi

第一个周一
（First Monday）
www. firstmonday. org/

知识产权@美国国家科学院通讯
（IP @ The National Academies Newsletter）
http：//ip. nationalacademies. org/special_ 5. html

公共知识博客
（Public Knowledge Blog）
www. publicknowledge. org/blog

过滤器
（The Filter）
http：//cyber. law. harvard. edu/home/filter/

参考文献

论文

American Library Association, "House Subcommittee Moves to Block Smithsonian-Showtime Deal", May 5 2006, available at www. ala. org/ala/alaonline/curentnews/newsarchive/2006abc/may2006ab/showtime. htm.

Maxwell L. Anderson, "Metrics of Success in Art Museums", Getty Leadership Institute, 2004, available at www. getty. edu/leadership/downloads/metrics. pdf.

Maxwell L. Anderson, "Warning Earned Income Can be Bad for Museum Health", *The Art Newspaper*, Umberto Allemandi Publishing, London, December 2005.

Associated Press, "MySpace to Enable Members to Sell Music", Boston-Herald. com, 2 September 2006, available at http: //business. bostonherald. com/technologyNews/view. bg? articleeid = 155642&format = text.

Martin Bailey, "V&A to Scrap Academic Reproduction Fees", *The Art Newspaper*, Umberto Allemandi Publishing, London, 30 November 2006.

BBC News, "News Corp in $ 580m Internet Buy", British Broadcasting Corporation, 17 July 2005, available at http://newsvote. bbc. co. uk/mpapps/pagetools/print/newsbbc. co. uk/2/hi/business/4695495. stm.

Beatriz Colomina, "The Media House", Assemblage, No. 27, *Tulane Papers, The Politics of Contemporary Architectural Discourse (August 1995)*, MIT Press, pp. 55-66.

John Stephen Erickson, "Fair Use, DRM, and Trusted Computing", *Communications of the ACM*, vol. 46, 4 (2003), pp. 34-39.

Kenneth Hamma, "Public Domain Art in an Age of Easier Mechanical

Reproducibility", *D — Lib Magazine*, vol. 11, 11 (2005), available at www. dlib. org/dlib/november05/hamma/11hamma. html.

Burt Helm, "Google's Escalating Book Battle", *BusinessWeek OnLine*, 20 October 2005, available at www. businessweek. com/technology/content/ oct2005/tc20051020_ 802225. htm.

Emily Hudson and Andrew T. Kenyon, "Copyright and Cultural Institutions: Short Guidelines for Digitisation", *Melbourne Legal Studies Research Paper*, No. 141, February 2006, at www. ssrn. com/abstract = 881700.

Clifford Lynch, "Digital Collections, Digital Libraries and the Digitization of Cultural Heritage Information", *First Monday: Peer — Reviewed Journal on the Internet*, vol. 7, 5 (2002), available at www. firstmonday. org/issues/issue7_ 5/lynch/index. html.

John Markoff, "For $ 150, Third—World Laptop Stirs Big Debate", *New York Times*, New York Times Company, New York, 30 November 2006, available at www. nytimes. com/2006/11/30/technology/30laptop. html.

Elinor Mills, "Microsoft to Offer Book Search", CNET News. com, 26 October 2005, available at http://news. com. com/2102 - 1025 _ 3 - 5913711. html? tag = st. util. print.

Rina Elster Pantalony, Amalyah Keshet, "To B2B or Not to Be. IP Ecommerce Management Services for Museums and Archives", *Spectra Magazine*, Museum Computer Network, Los Angeles, vol. 28, 3 (2001), pp. 36–39.

Kal Raustalia and Christopher Sprigman, "The Piracy Paradox: Innovation and Intellectual Property in Fashion Design", 92 Va. L. Rev. 1687 (2006).

Terrence Riley and Edward Eigen, "Between the Museum and the Marketplace: Selling Good Design", *Studies in Modern Art No. 4: MoMA at Mid-Century: At Home and Abroad*, MoMA and Thames Hudson Press, New York, 1994, pp. 150–180.

Eric Setliff, "Copyright and Industrial Design: An 'Alternative Design' Alternative", 30 Colum. J. L. & Arts 49 (2006).

Pamela Samuelson, "DRM {And, Or, Vs} The Law", *Communications of the ACM*, vol. 46, 4 (2003), pp. 41-45.

Paul Saffo, "It's the Context, Stupid", *Wired Magazine*, Issue 2. 03, Conde Nast Publications Inc. , New York, March 1994, available at www. wired. com/ wired/archive/2. 03/context_ pr. html.

Calvin Tomkins, "The Modernist: Kirk Varnedoe, The Museum of Modern Art, and the Tradition of the New", *New York Magazine*, Conde Nast Publications Inc. , 5 November 2001.

Jacqueline Trescott, "End Smithsonian-ShowTime Deal, Filmmakers and Historians Ask", Washington Post, Washington Post Company, Washington DC, 8 April 2006, available at www. washingtonpost. com/wp-dyn/content/ article/2006/04/17/ar2006041701820. html.

Wend B. Wendland, "Intellectual Property and the Protection of Traditional Knowledge and Cultural Expressions", Barbara Hoffman ed. , *Art and Cultural Heritage: Law, Policy and Practice*, Cambridge University Press, 2006, pp. 327-339.

Pete Wilson, "Software Lets Users Make Movies Online: Cultural Heritage Institutions Libraries and Educators Among Potential Users of Vancouver Company's Webbased Movie Authoring Tool", *Vancouver Sun*, Business BC, CanWest Company, Winnipeg, 30 October 2006, available at www. canada. com/vancouversun/index. html.

Tom Zeller Jr. , "Keeper of Expired Web Pages is Sued Because Archive Was Used in Another Suit", *New York Times*, New York Times Company, New York, 13 July 2005.

会议报告

Jane Anderson, "Access and Control of Indigenous Knowledge in Libraries and Archives: Ownership and Future Use", Conference Proceedings for Correcting Course: Rebalancing Copyright for Libraries in the National and International Arena, American Library Association, The MacArthur Foundation, and Columbia University, New York, May 2005, available at http://correctingcourse. columbia. edu/program. html.

Kevin Von Appen, Kathy Nicholaichuk, Karen Hager, Ontario Science Centre, Canada, "WeTube:Getting Physical with a Virtual Community at the Ontario Science Centre", Archives and Museum Informatics: Museums and the Web 2009, available at www. museumsandtheweb. com/mw2009/papers/vonappen/vonappen. html.

Henry Jenkins and David Edery, "The New Economics of Gaming: Everything is Miscellaneous", 24 January 2006, at The Economics of Open Content Symposium, MIT 23-24 January 2006, availbale at http://forum. wgbh. org/wgbh/forum. php? lecture_ id=3028.

Jemima Rellie, "Tate Online: Towards a Third Generation Museum Website", ICHIM 2003, Proceedings, Archives and Museum Informatics, Paris, Europe, September 2003.

Maria Pallant-Hyun, "From IP Audit to Valuation and Management", Paper presented at Creating Museum IP Policy in a Digital World, NINCH/CHIN Copyright Town Meeting, Toronto, 7 September 2002, available at www. ninch. org/copryight/2002/toronto. report. html.

Rina Elster Pantalony, "Why Museums Need an IP Policy", Paper presented at Creating Museum IP Policy in a Digital World, NINCH/CHIN Copyright Town Meeting, Toronto, 7 September 2002, available at www. ninch. org/copyright/2002/toronto. report/html.

Rina Elster Pantalony, "A Marriage of Convenience: Cultural Heritage

Institutions and the Practice of Business Doctrine in the Development of Sustainable Business Models", Proceedings ICHIM 2003, Archives and Cultural Museum Informatics, Paris, Europe, 2003.

出版物

Patricia Aufderheide, Peter Jaszi, *Untold Stories: Creative Consequences of the Rights Clearance Culture for Documentary Filmmakers*, Center for Social Media, School of Communication, American University Washington College of Law, American University, Washington D. C. , November 2004, available at www. centerforsocialmedia. org/rock/index. htm.

Canadian Heritage Information Network, *Like Light Through a Prism: Analyzing Commercial Markets for Museum Intellectual Property*, Government of Canada, Ottawa, 1998, available at www. pro. rcip-chin. gc. ca/propriete_ intellectuelle – intellectual_property/marches_commerciaux – commercial_markets/index-eng. jsp.

Center for Social Media, School of Communication, Washington College of Law, American University, *Documentary Filmmakers*, *Statement of Best Practices in Fair Use*, available at www. centerforsocialmedia. org/fairuse.

Nic Garnett, Digital Rights Management, *Missing Links in the Broadband Value Chain*, Broadband Stakeholder Group, United Kingdom, 2003, available at www. broadbanduk. org/reports/DRM_report. pdf.

David Green, *Using Digital Images in Teaching and Learning: Perspectives from Liberal Arts Institutions*, Academic Commons, 30 October 2006, available at www. academiccommons. org/imagereport.

David Green, *A Museum Guide to Digital Rights Management*, Canadian Heritage Information Network, Ottawa, 2010, available at www. pro. rcip-chin. gc. ca/gestion_collections collections_management/GND – DRM/gestion_numerique_droits-digital_rights_managementeng. jsp.

Lesley Ellen Harris, *Digital Property: Currency of the 21st Century*, McGraw-Hill, Toronto, 1998.

Lesley Ellen Harris, *Licensing Digital Content: A Practical Guide for Librarians*, American Library Association, Washington D. C. , 2002.

Lesley Ellen Harris, *A Canadian Museum's Guide to Developing a Digital Licensing Agreement Strategy*, Canadian Heritage Information Network, Government of Canada, Ottawa, 2004, available at www. chin. gc. ca/English/Intellectual_ Property/ Guide_ Developing/index. html.

Barbara Hoffman ed. , *Art and Cultural Heritage: Law, Policy and Practice*, Cambridge University Press, New York, 2006.

Tom Kelly, *The Art of Innovation*, Doubleday Press, New York, 2002.

Mark Litwak, *Dealmaking in the Film and Television Industry*, *Second Edition*, Silman-James Press, Los Angeles, 2002.

National Research Council of the National Academies, *Beyond Productivity: Information Technology, Innovation and Creativity*, National Academies Press, Washington, 2003.

Christine Steiner, Michael Shapiro, Brett I. Miller ed. , *A Museum Guide to Copyright and Trademark*, American Association of Museums, Washington D. C. , 1999.

Steven Silbiger, *The Ten-Day MBA*, *Revised Edition*, William Morrow & Company, New York, 1999.

Simon Tanner, King's Digital Consultancy Services, *Reproduction Charging Models & Rights Policy for Digital Images in American Art Museums*, Andrew W. Mellon Foundation, New York, 2004, pp. 17-18.

David Vaver, *Intellectual Property Law Copyright, Patent, Trademark*, Irwin Law, Toronto, 1997.

Stephen Weil, *Making Museums Matter*, Smithsonian Institution Press, Washington D. C. , 2002.

World Intellectual Property Organization, *WIPO Intellectual Property Handbook: Policy, Law and Use*, WIPO Publication No. 489 (E), available at www. wipo. int.

World Intellectual Property Organization, Traditional Knowledge, Genetic Resources and Traditional Cultural Expressions/Folklore Division, *Towards Intellectual Property Guidelines and Best Practices for Recording and Digitizing Intangible Cultural Heritage*, 2007, available at www. wipo. int/tk/en/folklore/culturalheritage/index. html.

Diane M. Zorich, Eleanor E. Fink, *Introduction to Managing Digital Assets: Options for Cultural and Educational Organizations*, J. Paul Getty Trust, Los Angeles, 1999.

Diane M. Zorich, *Developing Intellectual Property Policies: A How-to-Guide for Museums*, Canadian Heritage Information Network, Government of Canada, Ottawa, 2003.

法律与案例报告

Berne Convention for the Protection of Literary and Artistic Works (Paris Text 1971).

Copyright Law of the United States 17 USC § 101.

Canadian Copyright Act, R. S. C. , 1985, c. C-42, as amended.

Bridgeman Art Library, Ltd. v. Corel Corp. , 36 F. Supp. 2d 191 (S. D. N. Y. 1999).

CCH Canadian Ltd. v. Law Society of Upper Canada, 2004 SCC 13.

附录 1

皇家安大略博物馆（The ROM）董事会政策：版权部分

前言

作为学术和研究中心，皇家安大略博物馆承认作者的积极性，同时认识到确保作品完整性的主要意义。皇家安大略博物馆致力于促进对其馆藏资源作谨慎地合理使用，并将努力实现馆藏资源版权收益的最大化。

本政策受修订过的《加拿大版权法》（RSC 1985），第C-42章的约束。根据《加拿大版权法》，版权包括复制权、演绎权、发行权、展示权、表演权等经济权利，修改作品的权利，以及保护作者声誉的精神权利。根据《加拿大版权法》，作者是创作作品的人，但并不一定是版权权利所有人。经济权利可以被放弃、处置、转让或许可。精神权利在权利保护期限内由作者享有。精神权利不能被转让或者处置，但可以被放弃。各国的版权法不尽相同，因此权利人在不同的国家享有不同的权利。本政策仅涉及根据《加拿大版权法》在加拿大境内产生法律效力的版权权利。

政策

经济权利的归属

在没有相反的书面协议的情况下，皇家安大略博物馆享有其雇员因履行职责而创作的作品的版权。此外，就全部或者部分地依据博物馆藏品和资源而演绎形成的演绎作品，该演绎作品的版权属于皇家安大略博物馆。

受资助而产生的作品

在没有相反的书面协议的情况下，皇家安大略博物馆享有在其资助的活动或研究项目下创作的作品的经济权利。特别是承担博物馆资助项目的员工，应预先与博物馆签订协议，协议应以书面形式约定将产生的作品的性质和这些作品的经济权利归属。

活动和研究项目

如果皇家安大略博物馆同意作品的经济权利属于它之外的第三方，那么它应当取得用于教学科研目的的免费使用和复制该作品、非专有的、全球范围的且不可撤销的许可。

第三方的合同

如果合同涉及包括志愿者在内的第三方为皇家安大略博物馆创作作品等事宜，该合同应采用书面形式，且应规定精神权利以及经济权利的归属问题。通过这些合同，皇家安大略博物馆至少应取得为了教学科研目的而免费、非专有的、全球范围的且不可撤销的使用和复制该作品的许可。此外，皇家安大略博物馆应力求取得以任何媒介，为了任何目的、通过任何使用方式，在全球范围内永久使用和复制上述作品的许可，且拥有该作品的所有相关权利。在委托他人创作作品的情况下，如果被委托创作的是雕刻、摄影和绘画等类型的作品，皇家安大略博物馆应取得委托创作产生的作品的版权，且应力求与作者达成协议，确保作者对博物馆的任何使用均不主张其作品的精神权利。（法律依据：《加拿大版权法》第13条第2款）

外部赞助项目

皇家安大略博物馆雇员和/或志愿者在参与外部赞助的与皇家安大略博物馆有关的项目之前，应当先与皇家安大略博物馆（在有必要的情况下，还包括其他签约方）签订书面协议并确认：

●即将创作的作品的性质和权属关系，以及协议各方的角色和职责；

●除非保留给赞助商或在项目协议中另有规定，否则对此类作品中的经济权利的利益将属于皇家安大略博物馆。

对于精神权利，皇家安大略博物馆应：

●在适当的情况下，承认和感谢个人作为作者的贡献；

●在适当的情况下，就作品的变更或修改征求作者的意见。

但为了便利和促进皇家安大略博物馆的工作，对于经济权利归属于皇家安大略博物馆的作品，皇家安大略博物馆雇员和志愿者必须放弃对该作品的所有精神权利。（法律依据：《加拿大版权法》第14.1条第2款）

对皇家安大略博物馆资源的利用

如果皇家安大略博物馆雇员和志愿者在其业余时间创作作品时需要使用皇家安大略博物馆的资源，该雇员和志愿者应先取得相关使用许可。相关申请将根据具体情况予以考虑。

除非另有规定，皇家安大略博物馆将享有上述作品的所有权利，且创作作品的雇员和志愿者应放弃其对上述作品的所有精神权利。在未获得书面许可的情况下，皇家安大略博物馆的雇员和志愿者不得基于个人或商业目的使用皇家安大略博物馆的资源。

皇家安大略博物馆雇员和志愿者之外的第三方如要使用皇家安大略博物馆资源，应事先与皇家安大略博物馆签订书面协议，明确可能产生的作品的经济权利归属和精神权利放弃等事项。

对于皇家安大略博物馆所有收藏的藏品，皇家安大略博物馆将：

●尊重作者的保护作品完整权以及作者的署名权，在合理的情况下，将藏品与作者的名字关联在一起；

●为允许预期的展览得以实施以及复制的目的，获得必要的所有经济权利。

版权责任和管理

副馆长办公室和首席运营总监办公室，与有关高级管理人员协商，制定并实施与版权相关的适当的管理方法和程序。

相关术语释义

版权：法律规定的特定无形财产权的集合/组合，包括但不限于作品中的下列经济权利：复制权、翻译权以及公开表演和/或展示权。〔法律依据：《加拿大版权法》（1985年）（已修订）第C-42章第3节（作品）、第15和26节（表演）、第18节（录音作品）、第21节（传播信号）〕

雇员：由董事和首席执行官批准并接受货币补偿的职位

的个人。皇家安大略博物馆的雇员包括高级管理人员、监督和豁免人员、工会雇员和一定期限内被皇家安大略博物馆雇用的个人。

许可：版权所有者许可他人行使版权中的一项或多项经济权利的一种合同。

精神权利：作者就作品享有的保护作品完整的权利，以及在合理情况下，通过姓名或者笔名将作者与作品相联系的权利，以及保持匿名的权利。只有在下列损害作者荣誉或声誉的情况下，保护作品完整权才会被侵犯：①作品被歪曲、损毁或者以其他方式篡改；②未经许可，作品以与某个产品、服务、活动或机构相关联的方式被使用。（法律依据：《加拿大版权法》第14.1条、第28.1和28.2条）

皇家安大略博物馆基金：无论其来源如何，只要在皇家安大略博物馆控制或支配下，由皇家安大略博物馆管理的基金均属于皇家安大略博物馆基金。

皇家安大略博物馆资源：包括博物馆的设施、基金、人力资源以及包括商标、信息记录和检索数据在内的无形财产。

志愿者：参与符合皇家安大略博物馆宗旨并由该博物馆授权且资助的活动，且免费提供其时间和服务的个人。志愿者包括但不限于博物馆志愿者部成员，皇家安大略博物馆复制品协会成员、受托人、研究助理、部门助理、现场助理、退休返聘的策展人，在策展部门或现场工作的大学生和研究生，在皇家安大略博物馆场所举办的合作教育项目工作的中学生或者在"探索和发现系列画廊"项目中工作的志愿者。

作品：《加拿大版权法》规定的作品包括艺术作品（包括绘画、图纸、地图、图表、计划、照片、雕刻、雕塑、美术工艺作品、建筑作品和艺术作品的汇编）、集合作品（包括百科全书、字典、年鉴或类似作品、报纸、评论、期刊）、戏剧作品、文字作品（包括表格、计算机程序和文学作品的汇编）、音乐作品、表演者的表演、广播信号和录音制品。

日期 2002 年 4 月 18 日
修订 2002 年 8 月 29 日
　　 2003 年 6 月 26 日
　　 2007 年 12 月 6 日
　　 2012 年 3 月 1 日

董事会主席兼首席执行官

监督

关于政策的执行

董事会：管理委员会定期审查管理层对政策的执行情况。

管理层：董事长（馆长）和首席执行官、负责运营部的副馆长，以及负责藏品研究部的副馆长，将确保管理委员在审查政策执行情况时获得充足信息。

政策审查

方法：内部报告
责任人：管理委员会
审查最低周期：每年

社交媒体政策及指南

加拿大科技博物馆公司（以下简称 CSTMC）

制定日期：2011 年 8 月 17 日

政策

政策目标

本政策的目的是确保本公司社交媒体平台的用户能支持和以符合本公司政策、计划、服务和活动的方式行事；促进对本公司资源的有效使用；维护本公司良好公众声誉的形象和实质，并遵守相关的法律法规。

政策要求

本政策包含有关本公司社交媒体平台使用的所有决策和实践，并解决以下问题：

● 权属——关于源于本公司的内容的所有权、版权和许可的指南，以及在第三方网站发布或上传后可能引发的后果。举例来说，第三方网站包括：视频及图片分享平台、社交平台和网络日志（博客）网站。

● 参与——公司员工、公众和顾问参与社交媒体活动的指南，及与其此项参与活动有关的使用条件。

代表公司参与或发起任何社交媒体活动应符合下列具体要求：

（1）开展任何社交媒体活动之前应取得公司同意。启动任何已获得批准的社交媒体活动之前，如作为相关活动的官方所有者、管理者和/或版主等资格的，应取得本公司网站、社交媒体和市场部经理的确认。

（2）社交媒体上的内容应向公众提供，且应遵守信息获取方面的立法固定和隐私要求。

（3）所有用户应遵守第三方社交媒体平台的使用条款。

（4）任何被认为是冒犯、歧视和非法的内容都不得发布。

（5）所有用户都应尽一切努力确保其贡献是真实而准确的。

版权

公司社会媒体活动的内容所有者，应明确与其发布在社交媒体平台的内容及其在社交媒体平台上使用的软件相关的任何版权和许可事宜。

可获得性

在所有的对外宣传中，公司将确保两种官方语言（加拿大官方语言包括英语和法语）的平等性，并确保平等对待两种语言参与者的贡献。

公司将以清晰、相关、客观、易于理解和有用的语言，有效传达有关公司的政策、计划、服务、行动的信息。

在开展正式的社交媒体活动之前，还应考虑下列问题：

- 参与者可获得的模板和皮肤。

- 参与者可获得的软件。
- 参与者可获得的内容。
- 参与者可获得的用户生成内容。

社交媒体活动的所有者、管理者和/或版主的责任：

- 积极监督和促进社交媒体活动，以保持响应度和有效用户的参与度。
- 审查发布在社交媒体平台上的所有内容，以确保发布内容的适当性。
- 定期检查、评估对内容的链接（深度链接和搜索标签），以确保这些链接连接到适当的外部内容。
- 在网民的评论发布之前对这些评论进行评估。
- 在授权参与者参与社交媒体活动之前，获得每一个参与者的有效姓名和电子邮件。禁止匿名发布内容。
- 实施一种能评估社交媒体活动影响并对用户的互动反应进行合理分析的方法。

公司雇员在互联网或社交媒体上发布信息的责任：

- 公司雇员发布信息时不得披露公司的任何保密信息，也不得披露任何第三方披露给公司的保密信息。
- 如果公司的雇员对公司业务及任何与公司有关和/或公司承担责任的政策问题发表评论，应在其发布的内容或者博客网址上清楚表明其公司雇员的身份，并应当声明该评论为其个人观点，不代表公司立场。
- 除非获得正式许可，否则公司雇员在社交媒体上发布的内容仅反映其个人观点，不代表公司观点。员工应就其未经许可发布的内容承担法律责任。
- 公司雇员不得在其个人网站上使用任何本公司的标志。

只有获得公司许可进行的发布才可以使用本公司的标志。

指南

工作人员社交媒体使用指南

通过使用基于互联网和其他电子社交媒体工具的社交网络已经与人们的日常生活密不可分。对脸书、领英、博客、维基等社交媒体工具的使用已经司空见惯。本指南旨在为CSTMC 的工作人员提供指导，以消除其在社交媒体使用过程中产生的困惑。

为什么会有本指南？

工作和个人生活之间的界限会变得模糊不清。一般来说，你在自己的时间做什么是你自己的事情。然而，工作中或者工作之外的活动会影响你的工作表现、其他人的表现或者CSTMC 的商业利益，这正是 CSTMC 政策所关注的重心。

科技手段使 CSTMC 与其他专业人士、政府代表、顾客以及公众之间的沟通更为便利，因此 CSTMC 鼓励你对外分享在CSTMC 工作期间获得的见解和意见。只要你阅读并遵循本文件中提供的建议，就不必在分享之前获得 CSTMC 的许可。

信任问题

能够无须事先获得管理层的批准，就可以分享你本人或者 CSTMC 的活动，是因为 CSTMC 相信你已经了解到，你可以通过这样做接受更高风险来获取更高回报。每一位公司员工应对其在任何社交媒体上发表的内容独立承担责任。因此，你在社交媒体上展示自己之前应深思熟虑。

你可以在社交媒体上直接表明或者在用户描述中表明你

是 CSTMC 员工，公司是你的雇主。如果这样，你应确保你的个人描述和相关内容与你希望向你的公司成员和利益相关者、业务联系对象、同事和同行展示的内容保持一致。

CSTMC 的高级职员即使在社交媒体的用户描述中没有明确其与 CSTMC 之间的隶属关系，但因其在 CSTMC 的职务较高，也应该就其在网络上的表现承担特殊责任。在使用社交媒体的过程中，高级职员应有这样的意识：CSTMC 成员、同事和媒体会通过社交媒体看到和知道他或她的职位，而且这些人会推断这些职位与 CSTMC 有关。

信任是 CSTMC 着力构建的企业文化的重要组成部分。CSTMC 不可能监督你的每一项行为，但公司期望你遵循公司提供的指南和建议，帮助你更好地平衡风险和回报的比率。

重点是什么？

本指南的宗旨是确保 CSTMC 的声音是 CSTMC 与专业架构之间的大对话中的一部分。但在了解对话内容和发言人之前，你不要急着加入对话。你首先应该探索并理解网络讨论的话题，只有找到了能够加入或推进讨论的东西，你才可以加入讨论。员工在对话中可以粘贴相关链接，因为这样做可以将 CSTMC 与更广泛的网络相联系，同时还可以实现 CSTMC 与外部更广泛的互联互通。

谨慎分享信息

请记住：所有人都可以通过在线访问看到你发布的帖子。作为你参与网络社会的一部分，分享你在 CSTMC 的工作情况可能没什么问题，但你不能披露任何危及公司政策及公众形象的信息。举例来说，任何保密协议保护的内容，或者本身属于保密信息或者董事会讨论的内容，都是不可以分享的。在考虑是否分享与 CSTMC 相关信息时，请注意下列要点：

● 使用常识。你应避免发布对 CSTMC 产生负面影响或使 CSTMC 处于尴尬境地的内容，这些内容包括与药物滥用、酗酒、亵渎、下流或黄色笑话以及其他不适当的行为相关的信息或评论。不得进行种族歧视、人身侮辱、淫秽的行为，不得实施任何在 CSTMC 的工作场所无法接受的行为。

● 对他人的隐私表现出适当的尊重，避免介入令人反感的或者有煽动性的话题，如政治与宗教。

● 尊重法律，包括有关诽谤、歧视、骚扰以及版权和合理使用的法律。

● 未经特别许可，不得使用 CSTMC 的标志。

● 不得披露 CSTMC（或任何其他人）的保密信息或者其他受法律保护的信息，例如与现在或将来开发的产品、软件、研究、发明、流程、技术、设计或者其他技术数据相关的信息。在分享或者发布他人享有的知识产权之前，应先取得许可。对被认为是 CSTMC 内部信息的会议或谈话内容进行发表或报道之前应取得许可。

● 未经同意，不得提及 CSTMC 员工、成员、合伙人或者供应商。

● 如果你在公司以外的网站上发布信息，且该信息与你的工作或者与公司有关的事务相关，应使用下列的免责声明："在本网站发布的内容为个人观点，不代表 CSTMC 的观点"。如果你发布的信息实际上与 CSTMC 的公务相关，请确认你是否获得了代表 CSTMC 发布这种信息的许可。如果对此有疑问，请咨询你的上级。

● 应保证你的网络活动不会影响你的工作表现。

应尊重差异，欣赏不同的观点，任何情况下均应以专业的方式来表达和行事。如果对准备分享的信息不是完全确定，在发布相关内容之前征求管理层的意见。

请记住你代表 CSTMC

在所有虚拟或者现实环境的交流中，你都是 CSTMC 的代表。作为公司的代表，你的定位必须符合公司政策和定位。

媒体及相关主题的专业知识

即使你已经成为所在领域的专家，你仍需由公司指派才能作为 CSTMC 的新闻发言人就某个话题或问题与媒体进行互动。

鼓励创造性的写作

即使你对某个主题已经有了很深的了解，有说服力的有趣的写作也需要时间的投入。你的渊博知识可能会让你的评论更有趣，而且，根据网络标准，你的作品可能会变得流行，即使只是对那些和你有共同兴趣的人。

但是，除非你仅在网络上发布事实性的报告，否则你会选择发布更多透露你个性的信息，从而培养读者的兴趣。几乎所有在网络社区中发布信息的人都会写自己，如他们的兴趣、经历以及社交活动。公众乐于了解这些关于你的额外信息，并以此加深对你的观点的了解和欣赏。但是，网络是一个公共场所，应该小心不要让你自己、CSTMC 和网络社区的其他成员难堪。

优秀作品的基础

一个好的构思和观点的价值往往会因为错别字和语法错

误而受到影响。因此，如果你无法做到文字精练，至少应做到文字的完整和准确。如果知道自己在写作方面有提高的空间，可以向在这方面有优势的人寻求建议。要做到文字简洁是需要时间的，但努力完善你的初稿无疑是有价值的。

坚持你所知道的

写作的另一个技巧就是写你知道的。按这种方法，可以增加让你的作品变得有趣的可能性，但同样重要的是，减少了损害你的信誉的可能性。你可能对你的职责或者你参与的某个项目有很多了解，但是，如果你在不了解所有相关背景的情况下批评 CSTMC 的某些职能或者决定，那么你很可能会遭到真正专家的"纠正"。

对反垄断问题保持敏感

CSTMC 明确规定员工必须遵守反垄断法。但什么是反垄断法？反垄断法促进激烈的市场竞争，同时保护消费者免受不正当竞争的商业行为的影响。

公司遵守所有的法律，包括适用于 CSTMC 运营和活动的所有联邦和州的法律。尊重反垄断法的条文和精神是公司的一个重要目标，这对于维持公司在最高道德行为标准上的声誉是至关重要的。因为你参与了公司的运营和活动，所以你有责任和义务了解和遵守这些政策。

社交媒体：可为与不可为的一般规则

可为
- 制定一个计划
- 保持坦率和真实（做你自己）

- 参与并互动
- 参与对话
- 提供更多信息
- 尊重事实
- 花时间写一份好的个人描述
- 使用专业的个人资料照片
- 如有可能使用"查找好友"功能

不可为

- 不要过度宣传（人们不会关注广告机器）
- 不要过于自我或者过于消极
- 不要使用专业术语
- 如果你的推特/脸书/博客没有一夜成名，不要失去希望

推特：可为或者不可为

可为

- 注意要求你回复的推文（@回复），提及你的推文（@提及）和定向推送给你的信息（@推送），并回应他们。
- 关注你喜欢的人，不管他们是否关注你
- 明智地使用#标签
- 分享有价值的相关联的内容。
- 尊重关注你的人
- 提出好问题：获得好答案
- 140个字并不多，学会好好使用它们

不可为

- 不要设置自动公开推送或者自动定向推送

- 不要为了获取关注，而去关注一大堆你不在乎的人
- 不要问人家为什么不关注你
- 不要强迫人们关注你
- 不要只发布你个人网站的链接
- 不要边喝酒边使用推特

领英：可为或者不可为

可为

- 充实你的资料（完善你的整个个人资料）
- 参与回答领英网上的问题
- 参加群组
- 使用高级搜索
- 向对待网站一样对待你的领英个人资料
- 在你的个人描述中使用关键词
- 了解你的目标受众，你永远不知道谁会看到你的资料
- 使用你的真名

不可为

- 不要刷屏
- 不要发送格式化的关注邀请，应发送个性化的邀请
- 不要为了增加好友的数量而发出邀请
- 不要在个人资料中使用头像以外的其他照片
- 不要在"查看我的个人资料"部分使用过长的文字

脸书：可为或者不可为

可为

- 以私信的方式沟通私人信息，而不是公开发布

• 使用"经典"方式继续与他人的交流：关于个人的重要信息应当首先通过电话或者当面沟通。

• 发布照片

• 分享有相关性的信息

• 进行隐私设置

不可为

• 不要对任何事情都做评论

• 不要向陌生人发送添加好友请求

• 不要抱怨自己的工作

• 不要在"缺乏魅力"的照片上给别人贴标签

• 不要在个人资料中输入全部个人信息

• 情绪不佳的时候不要登录脸书

更多信息请访问世界知识产权网站：www. wipo. int

世界知识产权组织

34, chemin des Colombettes

P. O. Box 18

CH-1211 Geneva 20

Switzerland 瑞士

电话：+4122 338 91 11

传真：+4122 733 54 28

出版声明

本出版物英文版的著作权属于世界知识产权组织，译者及出版者翻译及发行本出版物的依据是署名3.0政府间组织许可：

署名3.0政府间组织许可（CC BY 3.0 IGO）

查看此许可的副本，请访问 https://creativecommons.org/licenses/by/3.0/igo/。

对于原始内容的转换或翻译，世界知识产权组织秘书处不承担任何责任。